岩 波 文 庫

33-625-1

道徳形而上学の基礎づけ

カ ン ト著
大橋容一郎 訳

岩 波 書 店

Immanuel Kant

GRUNDLEGUNG ZUR METAPHYSIK DER SITTEN

1785

凡例

一、本書は、カント『道徳形而上学の基礎づけ』(Immanuel Kant, *Grundlegung zur Metaphysik der Sitten*, 1785)の全訳である。

一、翻訳に際しては、底本にPhB(哲学文庫)版の改訂第二版(Immanuel Kant, *Grundlegung zur Metaphysik der Sitten*, herausgegeben von Bernd Kraft und Dieter Schönecker, mit einer Einleitung von Bernd Kraft und Dieter Schönecker, 2. durchgesehene Auflage mit aktualisierter Einleitung und Bibliographie. Philosophische Bibliothek 519, 2016)を使用した。また、アカデミー版カント全集第四巻(*Kant's gesammelte Schriften*, herausgegeben von der Königlich Preußischen Akademie der Wissenschaften, Band IV, 1911)などを適宜参照した。

一、( )は、原語(ラテン語・ドイツ語)を添える場合を除いて、カント自身による挿入である。アカデミー版の隔字体(ゲシュペルト)の箇所は傍点、ボールド体(太字)の箇所は太字で示した。ただし人名への隔字体による強調は再現しない。(なおPhB版では、隔字体の箇所はイタリック、ボールド体の箇所は隔字体で示されている。アカデミー版とPhB版には異同があり、主にPhB版に従った。)〔　〕は訳者による補足である。

一、原注は*で示し、各段落の後ろに訳出した。

一、訳注は(1)(2)……のように示し、巻末に置いた。

一、本文の下部にある番号はアカデミー(AA)版の頁を示している。また『純粋理性批判』の参照頁については慣例に従ってA・B版(第一版・第二版)の別とアカデミー版の頁数のみを表記した。

一、訳文と原文に著しい差異が生じる場合には、必要最小限の範囲で校訂注を加えた。

一、巻末に人名と事項を収録した索引・訳語一覧を付した。

目　次

道徳形而上学の基礎づけ(1)

序

387

古代ギリシアの哲学は三つの学問[2]に分かれていた。すなわち**自然学**、**倫理学**、**論理学**である。この区分はことがらの本性にまったく適合しているので、そうした区分の原理をそこにつけ加えることによって、一方では区分の完璧さを保証し、他方では必要な下位区分を正しく規定できるようにすること以外に改良の余地はない。

あらゆる理性認識は実質的で何らかの客体を考察しているか、あるいは形式的でもっぱら悟性と理性そのものがもつ形式と思考一般の普遍的諸規則だけを扱い、さまざまな客体のちがいを問題にしないか、のどちらかである。形式についての哲学は**論理学**と呼ばれるが、実質についての哲学は、特定のさまざまな対象とそれらの対象が従っている諸法則を扱っていることから、さらに二つに分けられる。というのも、それらの諸法則は**自然**の諸法則か、あるいは**自由**の諸法則かのどちらかだからである。前者の、自然の法則を扱う学問は**自然学**、後者の、自由の法則を扱う学問は**倫理学**とされるが、前者は自然論(3)、後者は道徳学(4)とも呼ばれている。

論理学は経験的な部門を、つまり思考の普遍的で必然的な諸法則が経験から得られた諸根拠に基づいているような部門をもつことはできない、もしそのような部門をもっているとすれば、それは論理学とは言えなくなる、すなわちどんな思考をする際にも妥当し証明されねばならないような、悟性や理性にとっての規準(5)とは言えなくなるからである。これに対して自然哲学も道徳哲学もそれぞれがその経験的部門をもつことはできる。なぜなら自然哲学は経験の対象としての自然に、道徳哲学は自然によって触発されるかぎりでの人間の意志に、それぞれの諸法則を規定しなければならないからである。もっとも前者の自然哲学での法則は、すべてがそれに従って生起する法則として規定されるのだが、後者の道徳哲学での法則は、すべてがそれに従って生起すべきではあるが生起しないこともあるような、諸条件も合わせて考慮されている法則として、規定されるのでなければならない。

あらゆる哲学は、それが経験(6)の諸根拠に基づいているかぎりでは*経験的*(7)哲学と呼んでよいが、もっぱらア・プリオリな諸原理からその教説を提示していれば純粋哲学と言ってよい。後者の純粋哲学がたんに形式的なものであれば、それは論理学と呼ばれるが、悟性の特定の諸対象に限定されている場合には、それは形而上学と呼ばれる。(8)

このようにして生じてくるのが、自然の形而上学と道徳の形而上学という二種類の形而上学の理念である。そこから、自然学には経験的な部門とともに合理的な部門があることになり、倫理学も同様となるが、倫理学では経験的な部門をとくに実践的人間学と、(9)また合理的な部門を本来の道徳論と呼んでもよいだろう。(10)

すべての職業、工芸、技芸は、分業によって発展してきたのだが、それはひとりの人間がすべてを行うのではなく、それぞれ別の者が他とははっきり異なった処理の仕方をもつ特定の仕事に専念することで、自分の仕事をきわめて完全に、そしてまたずっと容易に仕上げられるからである。仕事が区分も分担もされないままで、一人ひとりがすべてを行っているようなところでは、職業は依然としてひどい未開状態にとどまっている。もしそうだとすれば、次のように問うのもそれ自体として意味のないこととは言えないだろう。すなわち、純粋哲学はそのすべての部門においてそれぞれ専門家を必要とするのではないか。そしてまた、大衆の趣味に迎合して経験的なものと合理的なものを、自分でもよく分かっていない比率でさまざまに混ぜ合わせて売ることを常にしているような者たちが、独自の思想家などと自称して、もっぱら合理的な部門の整備にあたっている人々のことを考え過ぎだとけなしているが、そういう者たちに対して、処理の仕方がまるで異なる二つの仕事には同時に関わらない方がよい、きっとそれぞれに特別な才能が必要とされるのに、ひとりで二役を兼ねたりすれば無能な者になるだけだ、と警告することは、学術的な仕事全体にとってより良いことになりはしないだろうか、と問うことである。しかしながら私は今ここでは、学問の本性からして、経験的部門を合理的部門からつねに注意深く分離して、自然の形而上学を本来の（経験的）自然学に先行させ、道徳の形而上学を実践的人間学に先行させることが必要なのではないか、と問いかけるだけにとどめよう。そのどちらの形而上学の場合でも、純粋理性がどれだけのことをなし遂げられるかを知るためには、また純粋理性がそうした自らのア・プリオリな教説をどのような源泉から自分で汲み取ってくるのかを知るためには、経験的なものすべてを注意深く除去しなければならない。とは言っても、後者の道徳の形而上学という仕事にたずさわるのは、（ひとまとめにレギオン[11]と呼ばれるような）道徳の教師全員でもよいだろうし、またはその仕事に使命感をもつ少数の者だけであってもよいだろう。

ここで私の念頭にあるのはそもそも道徳哲学なので、先に立てた問いを私は以下の問いだけに限定する。すなわち、たんに経験的でしかなく人間学に属するようなすべてのものを完全に取り除いた、純粋な道徳哲学[12]をまずもって編纂してみることがぜひとも必要だとは思えないか、と。というのも、そのような道徳哲学がなければならないことは、義務や道徳の諸法則についての普通の考えに照らしても自明だからである。だれもが認めざるを得ないように、ある法則が道徳的に、つまり拘束性[13]の根拠として妥当すべきであるのなら、その法則は絶対的な必然性を伴わなければならない。君は嘘をついてはならない、という命令は、ただ人間にしか適用されないもので、他の理性的存在者はそれを気にとめなくてよい、などというものではない。他のどんな本来の道徳法則もそのようなものなのである。それだからここで言われる拘束性の根拠は、人間の自然本性や人間が置かれている世界の諸事情の中に求められてはならず、ア・プリオリに、もっぱら純粋理性の諸概念の中だけに求められねばならない。そして、たんに経験の諸原理に基づいているような他のあらゆる指令は、たとえある面から見れば普遍的な指令になっているとしても、それがほんのわずかな部分、おそらくその作用根拠[14]についてだけでも経験的な諸根拠に基づいているなら、なるほどそれは実践的な規則[15]と呼ぶことはできても、とうてい道徳の法則と呼ぶことはできないのである。

14

それだからあらゆる実践的認識の中でも、道徳の諸法則はその諸原理とともに、何らかの経験的なものを含む他のあらゆる実践的認識から本質的に区別されるだけではなく、あらゆる道徳哲学はもっぱらその実践的認識の純粋な部門に依拠しているのであって、人間に適用される場合にも、人間についての知識（人間学）から何も借用することがなく、むしろ理性的存在者としての人間にア・プリオリな諸法則を与えるのである。もちろんそれに加えて、経験によってとぎ澄まされた判断力も必要ではあるのだが、それはどのような場合にその諸法則が適用できるかを識別するため、またその諸法則を人間の意志の中に受け入れさせ、実行させやすくするためである。というのも、人間はそれ自身、きわめて多くの傾向性[16]によって触発されてしまうものなので、たしかに実践的な純粋理性という理念をもつことはできても、それを具体的に自分の生き方に活かすのはそう簡単なことではないからである。

　道徳の形而上学はこうしてみるとぜひとも必要なものなのだが、それは、われわれの理性の中にア・プリオリに存している実践的な諸原則の源泉を探究する、という思弁的な動因によるだけでなく、道徳の正しい判定の指針ないし最高規範がなければ、道徳そのものがあらゆる種類の退廃にさらされつづけてしまうということにもよる。なぜかと言えば、何かが道徳的に善いとされるべきであるなら、それが道徳法則に適合しているだけでは不十分であって、加えてそれが道徳法則のために行われていなければならないからである。もしそうでなければ道徳法則との適合はきわめて偶然的で微妙なものでしかなくなってしまう。というのも不道徳な根拠によって生じるのはたいてい法則に反する行為ではあるが、しかしときには法則に適合した行為も生じてしまうからである。他方で、道徳法則が純粋さと真正さ(この点こそが実践的なことがらでは最重要なのである)を保ちつつ見出されるのは、純粋哲学の中だけである。だからこそ、純粋哲学(形而上学)が先行しなければならないのであり、その純粋哲学がなければ道徳哲学はどこにも存在し得ないのである。道徳哲学の純粋な諸原理を経験的な諸原理と混ぜ合わせてしまうようなものは、そもそも哲学の名にも値しないし(なぜなら、哲学が普通の理性認識からまさに区別されるのは、後者が混ぜ合わせた形でしか理解できないものを、哲学は別々の学問として提示するからである)、ましてや道徳哲学の名に値するものではない。諸原理を混ぜ合わせてしまったようなものは、まさにそれによって道徳の純粋さそのものすら損なってしまい、そもそも道徳哲学の固有の目的に反した振る舞いをするものとなるからである。

ところで、ここで求められていることなら、すでに高名なヴォルフ(17)が彼の道徳哲学に先行させた予備学、すなわち彼によって一般実践哲学(18)と名づけられたものに示されている、だからまったく新しい領野がここでうまくいくはずはない、などとは考えないでいただきたい。ヴォルフの予備学は、まさに一般実践哲学と名づけられた通りのものだった。すなわちそれは、いかなる経験的な作用根拠にもよらず、もっぱらア・プリオリな諸原理に基づいて規定されて、純粋意志と呼んでよいかもしれないようなそうした特殊な意志については考察していないのであり、考察されているのは、一般的な意味であらゆる行為と諸条件がそれに帰せられるところの、意欲一般なのである。その点で一般実践哲学は道徳形而上学とは異なるのだが、それはちょうど一般論理学が超越論哲学(19)と異なるのと同じであって、一般論理学が思考一般のさまざまな作用と諸規則を提示するのに対して、超越論哲学が提示するのは、それによって対象がまったくア・プリオリに認識される、純粋な思惟に固有な働きと諸規則だけなのである。何といっても道徳形而上学は、可能な純粋意志という理念とその諸原理を考究するはずのものであって、その大部分が心理学からもち込まれるような人間の意欲一般の諸作用と諸条件を考究するものではない。一般実践哲学の中で(そんな権限はまったくないにもかかわらず)道徳の諸法則や義務について語られているからといって、それは私の主張への反論にはならない[20]。一般実践哲学の著者たち[21]は、また次のようにも、彼らの学問の理念に対して忠実でありつづけるからである。すなわち彼らは、もっぱら理性のみによってまったくア・プリオリに表象されることで本来は道徳的となる作用根拠を、悟性がたんに諸経験を比較して一般概念に高めたにすぎない経験的な作用根拠と区別せず、それらの作用根拠の源泉のちがいに注意を向けることなしに、作用根拠の総量の大小のみに従って（すべての作用根拠が同じ種類のものだと見なされているため）考察している。彼らはそうすることで自分たちの拘束性の概念を作り出しているのだが、もちろんそれはとうてい道徳的なものとは言えない。そのような概念が必要とされうるのはせいぜいのところ、あらゆる可能な実践的な諸概念の源泉について、それがア・プリオリに生じるのか、それともたんにア・ポステリオリにのみ生じるのかをまったく判断しないような哲学の中においてのみである。

いずれ公刊する予定である何らかの道徳形而上学[22]に先行させて、私はこの基礎づけを公表する。形而上学に対して純粋思弁理性批判[23]がすでに公刊されているのと同じように、本来ならば道徳の形而上学についても、その基礎づけは純粋実践理性の批判[24]以外にはない。とはいえ第一に、純粋実践理性の批判は純粋思弁理性批判ほどにどうしても必要なものというわけではない。なぜなら人間理性は、道徳的なことがらについてはごく普通の悟性によって、自分で相当な正しさと綿密さにたやすく到達できるからであり、他方でその人間理性が理論的に、しかも純粋に使用されるとどうしても弁証論的[25]になってしまうからである。また第二に、私が純粋実践理性の批判に求めていることからすれば、その批判が完成されたあかつきには、純粋実践理性の批判と思弁理性の批判[26]とがひとつの共通の原理で統一されていることが、同時に表明されうるのでなければならない。なぜなら、それらは結局のところ同じひとつの理性でしかあり得ないのであって、たんに適用においてのみ区別されねばならないものだからである。しかしながら私は、本書ではまだそのような完璧さに到達することはできなかった。そうしようとすれば、まったく別の種類のさまざまな考察をもち込んで、読者を混乱させてしまうだろう。そこで私は純粋実践理性批判[27]という書名の代わりに、道徳形而上学の基礎づけという書名を使うことにした。

　第三にまた、「道徳の形而上学」とはいかにも物々しい題名に聞こえるが、じつはかなり通俗的で普通の悟性に適したものでありうることから、私はその基盤に関する準備作業である本書を、道徳の形而上学から分離することが有益だと考えている。分離することで、本書では避けることができない細密な議論を、将来もっと分かりやすくなるはずの道徳の形而上学の中ではしなくても済むことになるからである。

とはいえしかし、ここでの基礎づけとは、道徳性の最上位の原理を探求し確定することに他ならない。このことは、その意図からしてそれだけでひとつの完結した仕事であり、その他のあらゆる道徳についての研究とは一線を画す仕事となっている。この、重要でありながらこれまで満足に議論されてこなかった主要問題について、私が主張していることは、道徳性の最上位の原理を体系全体に適用することではるかに明瞭なものとなり、その原理がどこにおいても十全に示されることで多大な確証を得られるだろう。だがそれは結局、世の中のためになるというよりも、自分を利することになりそうなので、私はそのような利益を断念せざるを得なかった。ある原理が使いやすく見かけ上は十分だとしても、それによって原理の正しさが確実に証明されるわけではなく、かえってどこかに固執してしまうことで、その原理そのものに対して、結果を何ら顧慮することなしに徹底的に厳しく考究し検討することができなくなってしまうからである。

私は本書で採用した自分の方法については、きわめて適切なものだと思っている。それは、普通の認識から始めて、その認識の最上位の原理を規定するまで分析的に進み、それからまた、この最上位の原理の検討とその原理の諸源泉から始めて、その原理が使用されている普通の認識まで総合的に戻り道を歩むというものである。[28]そのために、区分は以下のようなものになっている。

一、第一章　道徳についての普通の理性認識から哲学的な理性認識への移り行き
二、第二章　通俗的な道徳哲学から道徳形而上学への移り行き
三、第三章　道徳形而上学から純粋実践理性批判への最後の一歩

第一章　道徳についての普通の理性認識から哲学的な理性認識への移り行き

世界の中で、いやたとえ世界の外であっても、制限なしに善いと見なしうるものとしては、**善い意志**[1]の他にはおよそ何ひとつ考えることはできない。知力、機知、判断力など精神の才能と呼ばれるもの、あるいは勇気、決断力、粘り強さのような気質の特性、それらはいろいろな面で疑いなく善いものであり、望ましいものである。しかしそのような生まれつきの才能を生かすはずであり、それゆえにその固有の特性が性格と呼ばれる意志が善いものでないとすれば、そのような才能や特性はきわめて邪悪で有害なものにもなりうる[2]。幸運の賜物についてもまさに同じことが言える。権力、富、名誉、健康ですら、さらには幸福と呼ばれるような、まったく安楽で自分の状況に満足している状態であっても、もし、それらの賜物が心におよぼす影響や行為のすべての原理を是正して普遍的で合目的的なものにする、善い意志がそこになければ、人を放縦に走らせてしまい、そこから傲慢さが生じることもある。言うまでもないが、分別をわきまえた公平な観察者(3)であれば、純粋で善い意志を身につけていないような者が何不自由なく安楽に過ごしているのを見るだけでも、決してよい気持ちはしないのだから、善意志というものは、幸福であることに値するための不可欠な条件ですらあるように思われる。

気質がもつ特性のいくつかは、この善意志そのものを促進し、それを大いに働きやすいようにすらできるのだが、にもかかわらずそれらの特性が内的な無条件の価値をもつわけではなく、それらはやはりまだ善い意志を前提としている。その他の点ではいくら正当に評価されていても、善い意志からすればそれらの特性の高い評価は制限されるものであり、端的に善いものと見なすことは許されない。情動や熱情の抑制、克己心、冷静沈着な熟慮はさまざまな点で善いものであるだけでなく、人格の内的価値の一部を成しているとさえ思われる。しかし、(古代の人々がいくら無条件に賞賛していた(4)としても)、それらを制限なしに善いものだと表明するには、多くのことが欠けている。なぜなら、善い意志の諸原則が欠けていればそれらはきわめて悪いものになりかねないからであって、だから悪人が冷静沈着であれば、そうでない場合よりはるかに危険な者となるだけでなく、われわれの目にもすぐに、はるかに嫌悪すべき者として映るのである。

善意志は、それが生じさせたり、達成させたりするものによって善いのではなく、何らかの前もって設定された目的を達成するために役立つことによって善いのでもない。善意志はもっぱら意欲することのみによって善い、すなわちそれ自体として善いのであり、その意志が何らかの傾向性のためにもたらすすべてのもの、いやそれどころか、あらゆる傾向性全体のためにもたらすすべてのものに比べても、善意志それ自身として見られたときに、比較を絶して高く評価されるべきものなのである。たとえ特別につらい運命の下にあるために、あるいは無慈悲な自然に冷遇されているために、その善意志が意図を完遂する能力をまったく欠いていたとしても、さらには、その善意志が最大の努力をしたにもかかわらず何も達成することができず(もちろんたんに願うだけではなく、われわれの力のおよぶかぎりにおいてあらゆる手段を尽くすのではあるが)、ただ善意志だけが残ったにすぎないとしても、善意志はそれ自身として、宝石のように、自分のあらゆる価値を自らの内にもつものとして光り輝くだろう。有益であるとか無益であるとかいうことは、この善意志の価値を増減させうるようなものではない。そのようなことはいわば宝石の台座にすぎず、宝石を日常の取引でより扱いやすくしたり、素人の注意を引くようにしたりはするが、専門家に薦めたり、その宝石の価値を決めたりするためのものにはならないのである。

とはいうものの、たんなる意志に絶対的価値があるのであって、その評価にあたっては意志のいくつかの効用など考慮しない、という考えにはいささか釈然としない点がある。そのために、普通の理性でさえもその考えにみな同意するにもかかわらず、ひょっとするとそうした考えの底にはいたずらに高尚な夢想がひそかに存在していて、われわれの意志を支配させるのに理性を割りあてた自然の意図を誤解させかねないのではないか、という疑念が生じざるを得ない。そこで、こうした観点から上述の考えについて検討してみよう。

有機的に組織された存在者、すなわち合目的的(5)に生をいとなむように整えられている存在者がもつさまざまの自然本性的な素質のうちで、原則として想定されているのは、そのような存在者の中には、何らかの目的にもっとも適合している器官、その目的にもっとも適合している器官しか見出されないということである。もし、理性と意志をもつ存在者において、生存と安楽、ひとことで言えば幸福が自然の本来の目的だったというのなら、その自然の意図の調整役として被造物の理性を選んでしまった自然は、非常にまずいことをしでかしたことになるだろう。なぜなら、こうした意図に従って被造物が行わねばならないすべての行為、さらにその行動のすべての規則は、本能に従うことでよほど正確に指示されただろうし、その被造物の目的も、本能に従うことで、理性によるよりもはるかに確実に入手できたはずだからである。それなのに本能に加えて理性が、この恵まれた被造物にもたらされているのだとしたら、それは以下のことにのみ役立つためでなければならないだろう。すなわちそれは、ただ自分の幸福な自然本性的な素質を考察して、驚嘆し、賞賛し、享受し、そのような恩恵を与えてくれた原因に感謝するためなのであって、自分の欲求能力を薄弱であてにならない理性の指導に従わせ、自然の意図にへたな手出しをするためではないだろう。ひとことで言えば自然は、理性が実践的使用に乗り出してしまい、その薄弱な洞察力をもって幸福やそれを達成する手段の設計をわざわざ自分で考案したりするような、僭越を防止していただろう。自然は目的の選択だけでなく手段の選択も自分で引き受け、賢明な配慮によってその両者をもっぱら本能だけに委ねてしまっているはずなのである。

また実際にも気づかされることだが、陶冶された理性が生活と幸福を享受することをめざして手を出せば出すほど、人間は真の満足から遠ざかってしまうものであり、そのために多くの人々、しかも理性の使用をいちばん求めていた人々が、彼らが正直に心境を認めてくれさえすればだが、ある程度のミゾロギー(6)すなわち理性嫌悪になってしまっているのである。なぜかと言えば私が話しているのは、何であれ普通に贅沢をするための技法の発明による利益ではなく、学術(彼らは学術についても、結局は悟性の贅沢だと思っているらしいが)による利益のことなのだが、彼らはすべての利益を見積もった結果、実際のところ自分たちが、幸福を得るよりもより多くの苦労を背負い込んだにすぎないことに気づき、あげくの果てには、ただの自然本能に導かれがちで自分の行動や行状に理性を影響させない平俗な人々のことを、軽蔑するというよりむしろうらやましく思うようになるからである。それだから、理性がわれわれの生活の幸福と満足のためにもたらすはずの利益を自慢げに過大評価することをなるべく控え、それどころかゼロ以下だとけなしたりする人々の判断も、決して恨みによるものではないし、世界を支配する善良さへの恩義を忘れたわけでもないということを、認めなければならない。むしろこれらの判断の根底にひそかに存在しているのは、理性が現存することがもつはるかに価値のある別の意図に関する考えなのであって、理性はそもそも幸福にではなくこの別の意図へと向けられており、したがってその別の意図が最上位の条件として、人間の私的意図の大部分を自らの下に従えていなければならない、ということなのである。

なぜなら理性というものは、意志の諸対象やわれわれのあらゆる欲望の充足(理性が部分的には自らそれらを多様化しているのだが)に関して、意志を確実に導く能力としては十分なものではなく、そのような目的については、生まれつきの自然本能のほうがはるかに確実に導いてきてくれたと思われるからである。それなのに理性というものが実践的能力として、つまり意志に影響を与えるべき能力としてわれわれに分与されているのである。だとすればそのような理性の真の使命とは、何か他の意図をもたらすための手段としてではなく、それ自体として善い意志を生み出すことであるにちがいない。自然はその素質を配分するのに、他ではどこでも合目的的に仕事をしてきたのであるから、そうしたそれ自体として善い意志を生み出すためにこそ、どうしても理性が必要だったのである。この意志はそれゆえ、たしかに唯一の完全な善というわけにはいかないがそれでも最高善(7)でなければならず、あらゆる他の善にとって、幸福へのどんな欲求にとってさえもその条件でなければならない。このように考えた時に気づかされるのは、以下のような事実が自然の賢慮と実にうまく一致できているということである。それはつまり、理性の陶冶は最高善という第一の無条件的な意図のために必要なのであって、

28 つねに条件付きである第二の意図、すなわち幸福の達成については、少なくとも現世ではいろいろな仕方でそれを制限するだろうし、ときには無に帰することさえもありうるが、だからといって自然がそこで非合目的的に働いているわけではない、ということである。なぜなら理性は、自分の最高の実践的使命が善い意志を基礎づけることであると認識しているので、その意図を達成するにあたって、たとえ傾向性の諸目的にとっては障害となることがかなり生じてしまうとしても、理性なりのやり方によってしか、すなわち理性だけがあらためて規定する目的を実現することによってしか、満足を得られないからである。

ところで、それ自体が高く評価されるべきであって、その他の意図など必要としない善い意志という概念は、生まれつきの良識にすでに内在しているので、教えられるまでもなく啓発されるだけでよい。またこの善い意志の概念は、われわれの行為のあらゆる価値を評価する際につねに上位にあって、他のあらゆる価値の条件となっている。以上のような善い意志の概念を展開するために、われわれは義務という概念を取り上げてみたい。義務という概念は、ある種の主観的な制限や障害の下にはあるのだが、それでも善い意志の概念を含んでおり、そのような制限や障害は善い意志の概念を隠したり気づかないようにしたりするどころか、むしろ対照的に善い意志の概念を際立たせ、いっそう明るく照らし出しているのである。

私はここで、そもそも義務に反すると認められるあらゆる行為を、たとえそれらがあれこれの意図に役立ちうるとしても、無視することにする。(8) というのもそのような行為は、何しろ義務に反してさえいるのだから、義務からなされたのかどうかはまったく問題にもならないからである。さらに私は、実際に義務に適合している行為であっても、人がその行為への直接の傾向性をもっていないのに、何か別の傾向性に駆り立てられて実行してしまうような行為も、除外しておく。なぜならそこでは、その義務にかなった行為が義務から生じたのか、それとも利己的な意図から生じたのかは、たやすく区別できるからである。そのようなちがいに気づくのがはるかに難しいのは、その行為が義務に適合しており、しかも主体がその行為に対して直接の傾向性をもっている場合である。たとえば、小売店主が不慣れな買い物客たちに法外な掛け値をしないのは、もちろん義務に適合しているわけだが、商売が盛んなところなら、頭の回る商人であればやはり掛け値などはせずだれにでも一定の定価で販売するので、子供でも他の人と同じようにちゃんとそこで買い物ができる。つまり、客は誠実に対応されている。しかしながらこれ

30 だけでは、この商人が義務と誠実さの諸原則からそのように振る舞ったのだとはとうてい信じられない。彼は利益のためにそうする必要があったわけで、客たちにそれ以上の直接的な傾向性をもっていたはずだとか、いわば慈愛から特定のだれかに対して値引きするようなことはしなかったのだ、などと想定することはそこではできない。彼の行為はつまるところ、義務からでも直接的な傾向性からでもなく、たんに私利を意図してなされていたのである。

それに対して、自分の生命を保持することは義務であり、しかもだれでもそうすることに直接の傾向性をもっている。しかしだからといって、大多数の人間が生命の保持のために払っている、ときには気にしすぎるほどの気づかいは、何ら内的な価値をもつものではなく、そのような人の格律[9]に道徳的な中身があるわけでもない。彼らが生命を保存していることは、たしかに義務に適合してはいるが、義務から保存しているわけではないのである。それに反して、逆境と絶望的な悲嘆が生きていく気力をまったく失わせてしまったとしよう。もしその不幸な人が心を強くもち、自分の運命について気弱になったり落ち込んだりせずに、むしろ憤慨し、死を望みながらも自分の生命を保持しているが、それは生を愛しているからでも傾向性や恐怖心からでもなく、義務から保持しているのだとする。そういうときに、その人の格律は道徳的な中身をもつのである。

できるだけ親切であることは義務だが、それ以上に慈善的な心をもつ人も多くいる。彼らは虚栄心や利己心などの別な作用根拠がなくても、自分の周囲に喜びを広げることに内的な楽しみを覚えるのであり、自分のしたことで他人が満足すれば愉快な気持ちになれる。しかしこのような場合に私が言いたいのは、そうした行為は、たとえどれだけ義務に適合していて、どれだけ好ましいものだったとしても、それでも真の道徳的価値はもっておらず、他の傾向性と同列のものだということである。たとえば名誉に執着するという傾向性は、それがさいわいに実際にも世の中のためになり義務にもかない、だから名誉に値するというのであれば賞賛され奨励されもするが、だからといって尊敬に値するものではない。なぜならその格律には、行為が傾向性からではなく義務から行われるという、道徳的な中身が欠けているからである。ところで、その博愛家の心情が自らの悲嘆によって陰鬱なものになってしまい、他人の運命にかかずらう気分ではまるでなくなったとしよう。彼はまだ、困っている他人に善行をほどこす能力をもっているはずだが、自分自身の窮状のことで精一杯なので、他人の窮状は彼の心を動かさないだろう。ところが、どんな傾向性によってもその気になれないにもかかわらず、それでも彼が自らこの極端に無感動な状態を振り払って、何の傾向性にもよらず、もっぱら義務から行為をしたとする。そのとき初めて、彼の行為は真の道徳的価値をもつのである。さらに別の例をあげるなら、自然がだれかある人の心にほとんど同情心というものを与えず、(他の点では誠実な人なのだが)冷淡な気質で、他人の苦しみに無関心な人だったとしよう。それはおそらくその人が、自分自身の苦しみに対して並外れた忍耐心と持久力に恵まれていて、他のすべての人も自分と同じだと思い込んでいたり、同じことを要求したりするからだろう。もし、自然がそのような人間(おそらく自然の最低の産物ではないだろう)をもともと博愛家になるように育成していなかったのだとしても、彼が自分の中に、温和な気質がもつだろう価値よりもはるかに高い価値を自分自身に与えてくれるような、何らかの源泉をさらに見出すことはないだろうか。もちろん、見出すことはある。まさにその源泉から生じてくる性格の価値こそが道徳的であらゆる比較を絶した最高の価値なのであり、それがすなわち傾向性からではなく義務から善行をほどこすということなのである。

自分自身の幸福を確保することは(少なくとも間接的には)義務である。なぜなら多くの心配事がひしめきあい、さまざまな欲望が満たされない中で、自分の状況に満足できなければ、それはたやすく、義務に違反することへの大きな誘因になりうるからである。しかしこの場合には義務など考慮しなくとも、あらゆる人間はすでに自ずと幸福へ向かうきわめて強い傾向性を心の奥にもっている。というのもすべての傾向性は、まさにこの幸福という理念においてひとつの全体にまとまっているからである。ただし、幸福の指令はたいていの場合いくつかの傾向性を大きく損なってしまうので、人間はあらゆる傾向性の満足の全体を幸福という名で呼んでいながら、その全体について明確で確実な概念を作ることができない。それだからたったひとつの傾向性であっても、満足が約束するものとその満足が持続しうる時間がはっきりしていれば、あやふやな理念を凌駕できてしまうのも、何ら驚くことではない。そこでたとえば、足指の痛風患者である人が、美食を楽しんで、苦痛の方はできるかぎり我慢することを選んだりするのだが、それは自分で、今は少なくとも、健康であればなれるはずの幸福などという根拠のない期待によって、この瞬間の享楽を失いたくないと見積もったからである。だがこの場合でも、幸福への一般的な傾向性が彼の意志を決定しなくなり、この見積りにあたって健康が彼にとって少なくともさほど重要でなくなっても、それでも他のすべての場合と同じようにここにもなおひとつの法則、すなわち彼の幸福を傾向性からではなく義務から促進するということが残っており、もし彼がそうするならば、その振る舞いが初めて本来の道徳的価値をもつことになる。

聖書の一節[10]も、疑いなくこのように理解されるべきである。そこでは、自分の隣人たちを、自分たちの敵さえも、愛せよ、と命じている。傾向性としての愛は命じられることができるようなものではないのだから、義務からの善行は、それを促す傾向性がまったくなくても、さらには自然本性的で抑えがたい嫌悪感に逆らうことになっても、それ自体が実践的な愛であって感受的な愛[11]ではないのであり、この実践的な愛は意志の中にあって感覚の傾向の中にはなく、行為の諸原則の中にあって心にしみる同情の中にはない。だが命じられることができるのはこの実践的な愛だけなのである。

第二の命題は、義務からなされる行為がもつ道徳的価値は、行為を通じて達成されるはずの意図の中にではなく、行為が決意される際に従っている格律の中にあるということであり、したがってそのような価値[12]は、行為の対象が実現することに依存せず、欲求能力のどんな対象も顧慮することなく、ただ生じた行為が従っていた意欲の原理のみに依存するということである。われわれが行為に際してもちうる意図や、意志の目的や動機となっている行為の結果が、それらの行為に無条件な道徳的価値を与えることができないのは、上に述べてきたことで明らかである。では、その行為の無条件な道徳的価値は、行為から期待される結果に関わる意志の内にはないはずだというのなら、いったいどこにありうるのだろうか。その価値は、それらの行為によってもたらされうる目的とは関係なく、意志の原理の内にしかあり得ない。というのも意志とは、形式的である自分のア・プリオリな原理と、実質的である自分のア・ポステリオリな動機とのちょうど真ん中にあって、いわば分かれ道に立っているからである。それでも意志は何かを通じて規定されなければならないのであり、ある行為が義務からなされる場合には、すべての実質的原理が意志から取り除かれてしまっているために、意志は意欲一般の形式的原理を通じて規定されなければならなくなるのである。

第三の命題は、前述した二つの命題からの帰結であって、次のように表すことにする。すなわち、義務とは法則に対する尊敬(13)からなされる行為がもつ必然性である。私が意図した行為の結果となる客体に対して、私はたしかに傾向性をもつことができるが、その客体を決して尊敬することはできない。なぜならまさしく、そのような客体(14)はたんに意志のひとつの結果にすぎず、意志の活動ではないからである。同じように私は、自分のものであろうと他人のものであろうと、傾向性一般を尊敬することはできない。私にできるのはせいぜい、自分の傾向性ならばそれを容認したり、他人の傾向性ならばときにそれを自分で好む、つまり自分の利益に好都合だと見なしたりすることぐらいである。もっぱら根拠としてのみ私の意志に関係しているだけで、決して結果としては関係していないもの、私の傾向性には役立つことなく、私の傾向性を凌駕し、少なくとも選択に際してはその見積りから傾向性を完全に排除してしまうもの、つまりたんなる法則それ自体だけが尊敬の対象となることができ、それによって命令となりうるのである。その際に義務からなされる行為は、傾向性の影響と、傾向性に関わる意志のあらゆる対象とを完全に切り捨てることになるので、自らを規定しうるものとして意志に残されるのは、客観的には法則だけ、主観的にはこの実践的法則に対する純粋な尊敬、すなわち、私のあらゆる傾向性を棄却してでも自らこの法則に従うという格律だけになる。*

＊格律とは意欲の主観的原理であり、客観的原理（すなわち、もし理性が欲求能力を完全に統御しているなら、あらゆる理性的存在者にとって主観的にも実践的原理として役立つであろうもの）は、実践的法則である。

それだから、行為の道徳的価値は、行為から期待される結果の中にはなく、したがってまた、この期待された結果から作用根拠を借りてくる必要があるような、行為のいかなる原理の中にもない。なぜならこうした結果は(自分の状態の快適さや、他の人々の幸福の促進さえも)、すべて他の原因によっても生じることができ、そのためには理性的存在者の意志は必要とされなかったのだが、それにもかかわらず、最高で無条件的な善はそのような意志の中にしか見出され得ないからである。したがって、意志の規定根拠となっているのが期待された結果などではなく、当然ながら理性的存在者の中にしか見られないような、法則の表象[15]それ自体であるときにのみ、その法則の表象が、われわれが道徳的と呼ぶ卓越した善を形成しているのである。その卓越した善は、法則の表象に従って行為している人格自体の中にすでに現前しており、行為の結果によって初めて期待できるようなものではない。*

＊私は、理性のひとつの概念によって問題にはっきりした回答を与える代わりに、尊敬という言葉のかげに隠れて曖昧な感情に逃避しているだけではないか、と非難されるかもしれない。しかしながら尊敬はたしかに感情ではあっても、他から影響されて感受されるような感情ではなく、理性概念によって自ら引き起こされる感情なので、傾向性や畏怖の念によってもたらされるような前者のあらゆる感情とは種類を異にしている。自分に対する法則として直接的に認識するものを、私は尊敬の念をもって認識するが、その尊敬が意味するのはただ、他

からの影響が私の感官を媒介したりすることなく、私の意志がある法則に服従している、という意識にすぎない。法則によって意志が直接に規定されていること、そのことの意識を尊敬と呼んでいるのだから、尊敬とは法則が主体におよぼした結果と見なされるのであり、法則の原因とは見なされない。そもそも尊敬とは、私の自己愛を断ち切るような価値の表象である。それだから尊敬は、傾向性の対象とも畏怖の念の対象ともされないにもかかわらず、同時にその両方に類似したところを備えている。尊敬の対象はそれゆえもっぱら法則であり、それもわれわれが自分自身に、しかもそれ自体を必然的なものとして課している法則なのである。法則という点では、われわれは自己愛に問うてみることなくその法則に従う。しかし自分自身によってわれわれに課されたものという点では、法則はそれでもわれわれの意志の結果である、そこで法則は第一の点では畏怖の念に類似し、第二の点では傾向性に類似することになる。人格への尊敬というのはすべて本当のところは、人格が実例を示しているところの法則(正直さの法則など)に対する尊敬に他ならない。われわれは自分の才能を伸ばすことも義務だと見なすので、才能のある人の中に、あたかもひとつの法則の実例(修練を積めば才能の点でその人と同じようになる)を想像して、そこから尊敬の念が生じる。道徳的な関心といわれるものはすべて、もっぱら法則への尊敬によっているのである。

とはいってもある法則の表象が、そこから期待できる結果を考慮することもなしに意志を規定せねばならず、それによって意志が端的にかつ無制限に善いものとされうるという、そのような法則はどんなものでありうるのだろうか？　私は、何らかの法則を遵守することから意志に生じてきそうなあらゆる原動力を意志から奪ってしまったので、残っているのはただ行為一般の普遍的な合法則性のみであり、それだけが意志にとって原理として役立つものとなるはずである。すなわち私は、自らの格律が普遍的法則になるべきであると、自分で意欲することもできるような仕方でのみ、行為すべきなのである。ここでは今やたんなる合法則性一般が、（特定の行為のために規定されたいかなる法則をも根拠とせずに）意志に対して原理として役立つものなのであり、またもし義務がいずれにしても空虚な妄想やキメラ[16]的な概念ではないはずであるのなら、それはさらに原理として役立つものでなければならない。この点について普通の人間理性は、実践的な判定に際しても完全に一致しており、またそのような原理をいつでも念頭に置いているのである。

　たとえば、窮地におちいっているときに私は守るつもりのない約束をしてはいけないのか、という問いがあるとする[17]。私はここでその問いの意味がもちうる区別を簡潔に示しておくが、それは、偽りの約束をするのは怜悧なことなのか、それとも義務に適合していることなのか、という区別である。よく見かけるのは間違いなく前者の方である。とはいえ私にも分かっているのだが、目の前の窮地から逃れるためにそのような口実に頼るだけでは不十分なので、よくよく検討しておかねばならないのは、この嘘が後になって、今自分が抜け出すよりもはるかに大きな厄介ごとを引き起こさないかどうか、さらには、自分をどんなに抜け目がないと思っていても、結果がそう簡単に予測できない以上、一度失ってしまった信頼は、今私が避けようと思っているすべての厄災よりもはるかに大きな不都合をもたらす可能性がないとは言い切れないのだから、ここでは一般的な格律に従って行動し、守るつもりでなければ何も約束しないことを習慣にする方がずっと怜悧なやり方ではないか、ということである。しかしながらこのとき、そのような格律はやはり懸念される結果のみを根拠としているだけなのだと、私にはすぐにわかる。義務から正直であることと、不都合な結果を懸念して正直であることとは、そもそもまったく別のものなのである。前者の場合には、行為の概念それ自体がすでに私にとっての法則を含んでいるのに、後者の場合には、私はまず、私の行為が自分に対するどんな結果に結びつくのだろうかと、他のところに目を向けなければならない。なぜなら、私が義務の原理から逸脱すれば悪になるのはまったく確実なことなのだが、しかし怜悧の格律の場合には、それに従っている方がもちろんずっと安全ではあるが、それでも場合によってはその格律に反する方が私にとって非常に有利になる場合もあるからである。ところで、偽りの約束は義務にかなうのか、というこの課題に対する答えについて教示を得るためのなるべく手っ取り早くて間違いのない方法は、自分自身に次のように問うてみることである。私はそもそも、(真実でない約束をすることで窮地を抜け出すという)私の格律が、(自分にとっても他人にとっても)普遍的法則として妥当すべきだということに、満足できるだろうか。そしてまたそもそも私は、他の方法では抜け出せない窮地におちいった場合にはだれにでも真実でない約束をしてよいのだ、と自分自身に言い聞かせることができるだろうか、と。そのように問うてみたときにすぐに気がつくのは、自分はたしかに嘘をつこうと思うことはできるが、嘘をつくことを普遍的な法則にしようと思うことはできないということである。なぜなら、それを普遍的法則にして従ってしまったら、私がこれから行うことについて自分の意志をいくら他人に言い立ててみても、相手はその口実を信じないし、仮に早まって信じたとしても、同じやり方で私に仕返しをしてくるだろうから言い立ては無意味となるので、約束というものがそもそもまったく存在しないことになるからであり、したがって嘘をつくことが普遍的法則とされたとたんに、私の格律は自滅せざるを得なくなるからである。

このようなわけで、私の意欲が道徳的に善であるために私が何をしなければならないかについては、取り立てて慧眼な洞察力などは必要ない。世間の事情にうとく、世間で生じているどんな出来事にもうまく対応できないとしても、私はただ自分にこう問うてみればよい。おまえは自分の格律が普遍的な法則になることをも意欲できるか、と。もし意欲できなければその格律は捨てられるべきだが、それはその格律から生じて自分や他人に降りかかる不利益のためではなく、その格律が原理として可能な普遍的立法に一致できないからである。この普遍的立法というものについては、理性がそれを直接に尊敬することを私に強いてくるのだが、その尊敬の根拠については私はまだはっきり洞察してはいない（それを探究できるのは哲学者である）、けれども、少なくとも次のことだけは理解している。すなわちその尊敬とは、傾向性によって賞揚されるものがもつあらゆる価値をはるかに凌駕した価値の尊重なのだということ、そしてまた、実践的法則に対する純粋な尊敬から行われる私の行為の必然性こそが、他のすべての作用根拠が道を譲らなければならないような義務を形成しているものなのだということである。なぜならこの義務はすべての価値にまさる価値をもつ、それ自体で善い意志の条件だからである。

これでわれわれは普通の人間理性がもつ道徳的認識において、その認識の原理にまで到達したことになる[18]。普通の人間理性はもちろんこの原理を抽象化して普遍的形式で考えたりはしないが、それでも実際のところその原理をつねに念頭に置いて、自分の判定の尺度として用いている。こうして、普通の人間理性はこの羅針盤を手にすることで、生じうるどんなことがらについても、何が善で何が悪か、何が義務に適合しており何が義務に反するかを区別する仕方をきわめてよくわきまえており、その際には、少なくとも新しいことを自分に教えるのではなく、ソクラテス[19]がしたように、普通の人間理性自身がもっている原理に注意を向けるだけでよいということ、したがって誠実で善くあるために、それどころか賢明で高潔であるためにわれわれが何をすべきかを知るには、どんな学問も哲学も必要とはしないことも、容易に示すことができるだろう。さらにあらゆる人間に課されている、何をなすべきか、またそれゆえに何を知るべきかについての知識は、どんな人間にも、まったくの一般人にさえも備わっているだろうということは、初めからまた十分に推測できるだろう。こうしてみたとき、普通の人間悟性では実践的な判定能力の方が理論的な判定能力よりもずっとまさっていることに、感嘆せずにはいられない。理論的な判定能力の場合には、普通の理性が経験法則や感官の知覚から逸脱してしまうとまったくの理解不能や自己矛盾におちいるか、少なくとも不確実性、不明瞭さ、不安定さの混乱状態におちいってしまう。しかし、実践的な判定能力の場合には、普通の悟性があらゆる感性的な動機を実践的法則から排除したときに、判定能力は初めて自分の長所を正しく発揮しはじめる。それどころか、そうした場合に普通の悟性はよほど繊細になることがあり、何が正しいとされるべきかという点について、自分の良心や他人の要求にあら探しをする場合や、また、自分自身を教導するために行為の価値を率直に規定しようとする場合がそれにあたる。そしてきわめて重要なのは、後者の行為の価値を規定する場合に、普通の悟性は、哲学者にいつでも期待されうるのと同じ程度に的を射ていることが見込まれるどころか、この点に関しては哲学者よりも確実ですらある、ということである。なぜかと言えば、哲学者とはいっても普通の悟性以外の原理をもちうるわけではなく、当の事案に属さない多くの別の点を考慮することから、哲学者の判断は混乱しやすく、正しい方向から逸脱しがちだからである。そうであるのなら、道徳的なことがらについては普通の理性判断に判断をゆだね、哲学をもち出してくるのはせいぜい、道徳の体系をより完全でわかりやすく提示するためだけに、また同様に、道徳の諸規則をより使用しやすいように（さらにはより論議しやすいように）提示するためだけにとどめておき、たとえ実践的な意図に関してとはいえ、哲学が普通の人間悟性をその幸せな素朴さから遠ざけてしまったり、哲学によって新しい探求や教化の道へと導いたりなどしない方が、得策なのではないだろうか[20]。

無邪気というのはすばらしいことだが、ただしかし、きわめて困ったことに、きちんと保持することができず、たやすく誘惑されがちなものでもある。だから知恵でさえも（知恵とはそもそも、知識ではなく行状のうちにある）、やはり学を必要とするのだが、それは知恵に学ぶためではなく、知恵の指令を受け入れて持続するようにするためである。人間は、理性が高く尊重に値すると表象する義務のあらゆる命令に対して、自分自身の内に強い抵抗を感じるものだが、それは、その満足が全体として幸福という名で一括されている、自らの欲望と傾向性がもっている抵抗なのである。ところが理性は、傾向性に何ら約束することなく、何の忖度もなく、したがって傾向性のきわめて強烈でもっともだと思える（そしてどんな命令によっても排除できない）要求についても、それをいわば顧慮することなく無視して、理性の指令を命じてくる。そこでここからはひとつの自然本性的弁証論が生じてくることになる。すなわち、あの厳格な義務の法則に反対して理屈をこね、その法則の妥当性、少なくともその法則の純粋さと厳格さに疑いをもたせて、その法則をできるかぎりわれわれの願望と傾向性の方により適合させようとする傾向、すなわち、その義務の法則を根本から腐敗させ、その法則からあらゆる尊厳を奪おうとする、普通の実践理性ですら最終的には認めがたいような傾向が生じてくるのである。

そのために普通の人間理性は、何らかの思弁的な欲望(そのような欲望は、人間理性がただ健全な理性であることに満足しているかぎり生じることはない)によってではなく、自らが実践的な諸根拠によって駆り立てられるままに、自らの圏域を越え出て実践哲学の領野に一歩を踏み出すことになる。それは、その領野において欲望と傾向性に基づいた格律と対立することで、人間理性の原理の源泉とその原理の正しい規定について知見と明確な教示を得るためであり、それによって相対する双方の主張による困惑から抜け出し、人間理性がたやすくおちいりやすい曖昧さによって真正な道徳のあらゆる原則を奪われてしまう、という危険をおかさないようにするためである。このように普通の実践的な理性においても、自らを陶冶していくと気づかないうちに弁証論が生じてくるために、哲学に助けを求めざるをえなくなるのだが、それは理論的な使用において理性に生じるのと同じ状況である。したがって実践的な理性は、理論的な理性とほぼまったく同じように、われわれの理性に対する完璧な批判の外にはどこにも落ち着く場を見出すことがないのである。

第二章　通俗的な道徳哲学から道徳形而上学への移り行き

われわれはこれまで義務という概念を、われわれの実践理性の普通の使用から引き出してきた。とはいってもそこから、まるでわれわれが義務を経験概念として扱ってきたかのように結論づけてはならない。それどころか、われわれが人間の振る舞いについて経験しているところに注目すれば、自分たちでももっともだと認めるような正当な訴えにしばしば直面するものである。その訴えとは、純粋な義務から行為しているという心意[1]については、その確実な実例などまったく挙げることができないし、またたとえ多くのことが、義務が命じていることに適合して生じているようであっても、それらが本来義務から生じているのかどうか、したがって道徳的価値をもつかどうかは依然として疑わしい、というものである。それだから、いつの時代にも、人間の行為の中にそのような心意が現実に存することを徹底的に否定し、すべての行為を多かれ少なかれ洗練された 406

自己愛に帰する哲学者たちがいたのだが、それだからといって、彼らは道徳性という概念の正当性を疑っていたわけではなく、むしろ心から残念がりつつ、人間の自然本性の脆弱さと不純さについて言及していたのである。(2) それによれば、人間の自然本性は、きわめて尊敬に値する理念を自分の準則とするほどに高貴なものでありながら、同時にその理念に従うにはあまりに弱すぎて、人間の自然本性に法則を与えるのに役立つはずの理性を、傾向性がもつ関心を個別に気にかけることや、あるいはよくてもせいぜいその関心を、それらの傾向性が相互にもっともうまく協調するように気にかけることにしか、使っていないのである。

実際のところ、なんとか義務に適合しているような行為の格律でも、それがもっぱら道徳的な諸根拠と自分の義務の表象のみに基づいていたという事例を、経験を通じて完全な確実性をもってたったひとつでさえ見つけ出すことは、およそ不可能である。なぜなら、たしかにわれわれがどれだけ厳しく自己吟味をしてみても、義務という道徳的な根拠の他には、自分たちがこれほど大きな犠牲を払ってまであれこれの善い行いに駆り立てられるほどの、力をもった根拠がまったく見つからないことも時にはある、ということはなるほど事実ではある。しかしだからといって、義務という理念がたんなる見せかけであって、その下には自己愛という隠れた衝動があり、それが意志を規定している本来の原因だった、というわけでは決してない、などと確実に結論づけることはどうしてもできないからである。われわれはそのような自己愛の衝動の代わりに、自分たちにはもっと高貴な作用根拠があるのだと誤って思い上がり、うぬぼれがちであるが、実際にどれほど厳密に吟味してみても、隠れた動機の真相には完全に迫ることができない。なぜなら道徳的価値を取り上げるときには、目に見える行為ではなく、そのような行為がもつ目に見えないあの内面的な諸原理が問題なのだからである。

さらにまた、すべての道徳性などというものは、思い上がって自分の分を超えてうぬぼれている人間の想像が生んだたんなる妄想にすぎないと嘲笑する人々に対しては、義務の概念は(人は安楽を求めるので、他のすべての概念についても同じだと、自らすすんで納得しがちなものだが)たんに経験から引き出されただけのものにちがいない、と認めてやることほど彼らに都合のよい助力はあり得ない。そうすることで、彼らにさらに確実な勝利を用意してやったことになるからである。それでも私は人間愛という点から、われわれの行為のほとんどが義務に適合していると認めたい。だが、われわれのそのような行為が思い計っていることをより詳細に見ていくと、いたるところで出くわす(3)

のは、いつでも突出して目立っている愛しい自己なのであって、われわれの行為の意図は、何度も自己否定を要求してくる厳格な義務の命令ではなく、その愛しい自己に基づいてしまっている。われわれはまた、（とりわけ年齢を重ねることで経験によってとぎ澄まされ、鋭くもなった観察眼をもつ判断力があれば）何らかの真の徳などというものが本当にこの世にあるのかを疑わしく思うようになるものだが、そうなるにはとりたてて徳の敵にまわる必要はなく、たんに冷静な観察者として、人が善を何よりも切望していることをそのまま善が現実にあることとは見なさない、というだけでよい。だからこそで、われわれのもつ義務の諸理念が全面的に瓦解してしまうことを防ぎ、義務の法則に対して根拠のある尊敬を心の中に保持できるものとしては、次のような明確な確信以外にはないのである。それはすなわち、たとえそのような純粋な源泉から生まれた行為が一度たりともなかったとしても、しかしここでは、あれこれのことが生じるかどうかはまったく問題ではなく、理性はそれ自体で、生じるべきことをあらゆる現象から独立して命じているのであり、したがって、世界がおそらくまだ一度も実例を示していない行為、すべてを経験に基づける人であればその実行可能性を大いに疑うであろう行為が、それでも理性を通じて妥協なしに命じられているのだ、という確信である。すなわちそれは、たとえば友情における純粋な誠実さというものは、たとえ今まで誠意をもった友人などひとりもいなかったかもしれないとしても、それでもすべての人間に要求されてよいことに変わりはない、なぜならこの義務は義務一般として、あらゆる経験に先立ってア・プリオリな諸根拠を通じて意志を規定する理性、という理念の内にあるからなのだ、という確信なのである。

加えて言うなら、道徳性という概念がもつあらゆる真理と、それが何らかの可能な客体と関係しているということを、まったく否定したいとは思っていない人であれば、自分の法則が広範な意味をもっており、人間だけでなくあらゆる理性的存在者一般に対しても、偶然の諸条件の下にあって例外を許すようなものではなく、端的に必然的に妥当しなければならない、ということは否定できないだろう。そこで明らかなのは、どのような経験であっても、たとえそのような必当然的な諸法則の可能性を推論するだけだとしても、その推論のきっかけを与えることはできない、ということである。そもそも、どんな権利があってわれわれは、おそらくは人間の偶然的な諸条件の下でしか妥当しないようなものを、すべての理性的な自然本性に対する普遍的な指令として無制限に尊重することができるのだろうか、また、われわれの意志を規定する諸法則がたんに経験的なものでしかなく、まったくア・プリオリに、純粋だが実践的な理性に源泉をもつのでなかったとしたら、そのような法則が理性的存在者一般の意志を規定する諸法則として、さらにはそのような諸法則としてのみわれわれの意志をも規定する法則として、どうして認められるだろうか。

　また、人が道徳性を実例から借りてこようとする場合ほど、道徳性のためにならない助力はないだろう。なぜならどんな実例であれ、その実例によって私に表象されているもの自身は、何よりもまず道徳性の諸原理に照らして、根源的な実例すなわち模範として役立つのに値するかどうかを判定されねばならず、実例の概念の方を頂点として提供することなどは決してできないからである。福音書の聖人でさえ、人が彼を聖人として認める前に、まずわれわれの道徳的完全性の理想と比較されねばならない。彼もまた自分自身についてこう言っている。「おまえたちは（おまえたちが見ている）私の何を善いと呼ぶのか、（善の原像である）唯一の神（おまえたちが見ていない者）の他に善い者はない。」(4) だが、最高善としての神という概念はどこから来るのだろうか。それはまったく理念から、すなわち理性が道徳的完全性についてア・プリオリに構想し自由な意志の概念と不可分に結びつけた理念から来るのである。道徳的なことがらについては、模倣ということはまったく成立しないし、またさまざまな実例は督励のためにのみ役立つにすぎない。すなわち、実例は法則が命じることの実行可能性について疑念を取りのぞき、実践的規則がより一般的に表現しているものを目に見えるものとしてくれる。しかし、理性の中にある実践的規則の真の原型を脇に置いてしまって実例に範を取るようなことは、決して正当化できるものではない。

もしも道徳性の真に最上位の原則であれば、あらゆる経験から独立して純粋理性のみに基づいていていないなどということはずがない、というのなら、それに帰属する諸原理と合わせてア・プリオリに確立しているこれらの概念を、一般的に(抽象的に)示すことがよいかどうかなどということは、その認識が普通の認識から区別されて哲学的認識と呼ばれるべきであるかぎり、問うまでもないことだと私は思う。しかし、当代においては、このように問うてみることが必要なのかもしれない。なぜなら、あらゆる経験的なものから切り離された純粋な理性認識、すなわち道徳の形而上学と、通俗的な実践哲学のどちらが好まれるかについて声を集めるとしたら、どちらの側が優位に立つかはすぐに予想がつくからである。

このような通俗的概念への下降は、まずもって純粋理性の諸原理への上昇がなされ、それが完全に満足のいく形で達成されている場合であれば、もちろんたいへん賞賛に値する。それは、道徳の教説をまずもって形而上学の上に基礎づけ、それがしっかりと確立されてから、そのあとで通俗性を通じて形而上学を受け入れやすくすることになるだろう。しかし、諸原則のあらゆる正しさが依存する最初の探究において、もうすでに通俗性の言いなりになろうなどというのは、はなはだしく馬鹿げたことである。というのも、一般に理解されやすくすることは大した仕事でも何でもないのだから、通俗性の言いなりになることであらゆる根本的な洞察を放棄するのであれば、そのような手順は、真の哲学的通俗性というきわめて稀な功績をまったく主張できないからである。それにとどまらず、こうした手順は結局のところ、つぎはぎだらけの観察と中途半端に理屈をこねた諸原理との唾棄すべきごたまぜをもたらすのであって、それは日常のおしゃべりには何とも使い勝手がよいことから浅薄な連中の気やすめにはなるが、洞察力のある人々はそのようなごたまぜに混乱や不満を感じるものの、自分ではどうすることもできずに目をそらしてしまう。他方でそのような欺瞞をよく見抜いている哲学者たちが、一定の洞察を得たあとで初めてようやく正当に通俗的になることが許されるのだから、しばらくの間は見せかけの通俗性から離れるように、と告げても、ほとんど耳を傾けられることはないのである。

先のような流行の趣味における、道徳性についての諸試案にだけでも注目して見れば、そこでは、あるいは人間の自然本性がもつ特殊な規定（とはいえ、そこには理性的な自然本性一般という理念も含まれる）が、あるいは完全性が、あるいは幸福が、こちらでは道徳的感情が、そちらでは神への畏怖が、こちらからいくらかが、あちらからもいくらかが、驚くほどに混ざり合ったものを見つけることになるだろう。その際に人は、人間の自然本性についての知識（われわれはその知識をどのみち経験からしか入手できないのだが）の中に道徳性の諸原理を求めてよいのだろうか、などと問うことには思いいたらない。そしてまた、道徳性の諸原理はそのように求めることができず、まったくア・プリオリに、あらゆる経験から自由に、端的に純粋理性の諸概念の内に見出されうるのであって、その他の場所にはどこにも、ほんの一部でさえも見出され得ないのだから、このような探究をむしろ純粋な実践哲学、あるいは（きわめて評判の悪い名前で呼んでもよいなら）道徳の形而上学*として隔離しておいて、それ自身だけでまったく完璧なものに仕上げてしまい、通俗性を求める大衆はこの事業が終わるまでなだめて待たせておこう、などという目算を立てることにも思いいたらないのである。

＊もし望むのであれば、（純粋数学を応用数学から、純粋論理学を応用論理学から分けるように）道徳の純粋哲学（形而上学）を道徳の応用哲学（すなわち人間の自然本性への応用哲学）から区別することができる。このような命名を通じてただちに気づかされるのは、道徳の諸原理は人間の自然本性の固有性に基づいているわけではなく、それ自体としてア・プリオリに成立していなければならないということであり、さらにそれらの諸原理から、すべての理性的な自然本性にとってと同じく、人間の自然本性にとっても実践的な諸規則が導き出され得ねばならない、ということである。

しかし、このような完全に隔離された道徳の形而上学は、人間学も神学も、自然学や超自然学も、ましてや（自然根元的とも呼べるだろう）隠れた質[5]も混入しておらず、義務に関する理論的で確実に規定されたあらゆる認識の不可欠な基底であるだけでなく、同時にその義務のさまざまな指令を実際に遂行するにあたっての、もっとも重要な必要物である。というのも義務やおよそ道徳法則についての、純粋であって経験的な刺激のような異質な付加物が混入していない表象は、理性の道を通じてのみ（理性はここで初めて、自分自身だけで実践的でもありうることに気づく）、人間の心に、経験的な領野からかき集められる他のあらゆる動機＊よりもはるかに強い影響をおよぼすのであり、そうすることで、理性が自らの尊厳を意識して他のあらゆる経験的動機を軽蔑し、次第にそれらの動機を支配するまでになしうるものだからである。それに対して、さまざまな感情や傾向性による動機と同時にさまざまな理性概念からも合成されている混合的な道徳学は、いかなる原理にも基づくことができず、ごく偶然には善に導くことがあるとしても、たいていは悪に導くことにもなるような、さまざまな作用原因のあいだで心を揺れ動かさずにはいられないものとなる。

*私は、卓越していた故ズルツァー[6]氏から手紙を受け取っているが、その中で彼は私に次のように問うている。徳のさまざまな教説が、理性にとっても十分に納得できるものを含んでいるにもかかわらず、ほとんど成果をあげるにいたっていない、その原因は何であろうか、と。私の回答は、完璧さを期するための準備をしていて、遅きに失したものとなってしまった。その回答とはつまるところ、教師自身が自分たちのもつ諸概念を純粋なものにできていないからに他ならない、というものであり、彼らはそこをうまく処理しようと思い、道徳的善に向かう作用原因をいたるところに見出すことで、薬を強力なものにしようとしてかえってその薬を台無しにしているのである。きわめて日常的な観察でも分かるように、ある誠実な行為が、この世あるいはあの世で何らかの利益を得ようとするあらゆる意図から隔離され、困窮や誘惑のような大きな試練にあっても不動の心で実行されたものだと表象されるとき、そ

の行為は、それに類似してはいるが他の動機によってほんの少しでも影響を受けているどんな行為をもはるかに凌駕してそれらの輝きを失わせてしまい、さらにはあのように行為できればという心を高揚させ、願望を呼び起こすのである。少し年齢がいっていれば子供でさえそのような印象をもつのだから、それ以外の方法で子供たちに義務を提示してはならないのである。

これまで述べてきたことから明らかになっているのは、以下のことである。あらゆる道徳的な概念はその所在と起源をまったくア・プリオリに理性の中にもっており、しかもそのことはきわめて普通の人間理性においても、最高度に思弁的な理性においても同じである、ということ。あらゆる道徳的な概念は、経験的であるために偶然的でしかないようないかなる認識からも抽出できない、ということ。あらゆる道徳的な概念は、その起源がこのように純粋であるからこそ尊厳を有しており、われわれにとって最上位の実践的な諸原理として役立つ、ということ。経験的なものを加えれば加えるほど、そうした道徳的な概念の真の影響力やさまざまな行為がもつ無制限の価値はそれだけ多く取り去られてしまう、ということ。そして、実践的な諸原理がもつ概念や法則を純粋理性(7)から汲みとり、それらを純粋かつ混同されない形で提示し、さらには実践的ないしは純粋な理性認識全体の範囲を規定する、すなわち純粋実践理性の全能力を規定することは、たんに思弁が問題で重要である場合に理論的意図においてもっとも必然的なものとして要求されるというだけでなく、最大の実践的な重要性をもつのだ、ということ。とはいえその際に、思弁哲学なら十分に許容するどころかときには必要だとさえ考えるように、諸原理を人間理性の特殊な自然本性に依存させたりはせず、むしろ、道徳の諸法則はすべての理性的存在者一般に妥当すべきだということから、それらの原理を理性的存在者一般という普遍的な概念から導き出さねばならない。したがってそのような仕方ですべての道徳学を、たとえそれを人間に適用するには人間学を必要とするにせよ、まずもって人間学からは独立させて、純粋哲学すなわち形而上学として完璧に（この種のまったく隔離された認識でならおそらくうまくいく）提示しなければならない、ということである。ただし留意すべきなのは、私が言いたいのは、義務にかなったすべてのものごとの中にある義務ということの道徳的なあり方を、思弁的な判定のためにいくら厳密に規定しようとしても、道徳形而上学がなければ無駄なのだ、などということではなく、それどころかたんなる普通の実践的な使用、とりわけ道徳の教導においてこそ、道徳形而上学がなければ、道徳をその真の諸原理に基づかせ、それを通じて純粋な道徳的心意を引き起こして、世の中の最高の幸福[8]に向けて心に植えつけるようなことは不可能になる、ということなのである。

しかしこの〔道徳学の〕仕事において、たんに普通の道徳的判定（これはこの仕事ではとても尊重すべきことではある）から哲学的判定へと、これまで行われてきたように進んでいくだけでなく、実例を手さぐりすることを通じて得られる以上には進めない通俗哲学から、形而上学（これは経験的なものを通じてはもはや何ら拘束されることがなく、さらにはこの種の理性認識の全総体を測定しなければならないので、実例がわれわれにとって何の頼りにもならないような、さまざまな理念にまでおそらく行き着いてしまう）にまで、自然の段階を踏んで進んでいくためには、われわれは実践的な理性能力を、その能力を一般的に規定している規則から始めて、義務という概念がその理性能力から生じてくる地点まで追跡し、明確に示さなければならない。

自然界のあらゆるものごとは法則に従って動いている。ただ理性的存在者だけが、法則の表象である原理に従って行為する能力、すなわち意志をもっている。法則から行為を導き出すには理性が必要なのだから、その意志とは実践理性に他ならない。もし理性がかならず意志を規定するというのなら、そのような理性的存在者の行為は、客観的に必然的だと認識されるときには主観的にも必然的なものとなる。つまり意志は、理性が傾向性から独立して実践的に必然的と認識するもの、すなわち善と認識するものだけを選択する能力になる。しかし、理性が自分だけでは意志を十分に規定できないで、意志がまだ客観的な諸条件とはかならずしも一致しない主観的な諸条件（何らかの動機）に左右されてしまうのなら、つまりひと言で言えば、意志がそれ自体として完全には理性に従っていない場合（人間は実際そうである）には、客観的に必然的と認められている行為も主観的には偶然的なものとなり、そのような意志を客観的法則にかなうように規定しようとすれば、強制となる。つまるところ、まったくの善ではない意志に対して客観的法則がもつ関係は、理性的存在者のある種の意志、すなわちたしかに理性の諸根拠に依拠してはいるのだが、その本性からしてそのような諸根拠にかならずしも従順ではないような、理性的存在者の意志を規定するものとして表象されるのである。

ある客観的な原理の表象は、その原理が意志にとって強制的であるかぎりでは（理性の）命令と呼ばれ、さらにその命令の定式は**命法**と呼ばれる。

すべての命法は「べし」[9]というかたちで表現され、それによって、理性の何らかの客観的法則と、主観的性質のせいでその法則によってかならずしも規定されないような意志との関係（強制）を示す。命法は、何かをしたりしなかったりすることが善いと語るのだが、そのように語っているのは、した方が善いと自分に表象されてもいつでもそれをするわけではないような意志に対してである。とはいえ実践的に善であるものごととは、理性の諸表象を通じて、それゆえ主観的な諸原因からではなく客観的に意志を規定するような、すなわちどんな理性的存在者にとってもそれ自体として妥当する諸根拠から意志を規定するような、ものごとである。善であるものごとは、その人のあれこれの感官にしか妥当しないような、たんに主観的な諸原因による感覚を通じてのみ意志に影響を与える快適なものとは異なるのであって、快適であるようなものは万人に妥当する理性の原理ではない。*

＊欲求能力が諸感覚に依存していることを傾向性というが、この傾向性はそれゆえいつでも何らかの欲求を示している。だが偶然に規定されうる意志が理性の諸原理に依存していることは、関心(10)といわれる。したがってそのような関心が生じるのは、いつでも自ら理性に従うわけではない依存的な意志の場合だけである。神的な意志の場合には、関心などという話は出てこない。しかし人間の意志も、何らかのことに関心をもっていながら、かといって関心によって行為するわけではない場合がある。前者の関心は行為への実践的な関心を意味し、後

者の関心は行為の対象への受動的な関心を意味する。前者は意志がもっぱら理性それ自体の諸原理に依存していることを示しており、後者は意志が傾向性のための理性の諸原理に依存していることを示しているが、それは、後者においては理性が、傾向性のさまざまな欲求を補助するような実践的な規則しか与えないからである。前者の場合には行為が、後者の場合には(それが自分にとって快適であるかぎりで)行為の対象が、私に関心をもたせる。第一章で見てきたとおり、義務からなされる行為の場合には、対象への関心ではなく、もっぱら行為そのものと理性の中にある行為の原理(法則)への関心に目を向けているのでなければならない。

そうしてみると完全に善い意志については、なるほどそれも客観的な(善の)諸法則の下にあるだろうが、しかしそのような諸法則によって合法則的な行為へと強制されるとは言えないだろう。なぜなら完全に善い意志は、その主観的な性質に従うことで自ずから善の表象によってのみ規定されうるからである。それだから神的な意志や一般に聖なる意志には、いかなる命法も妥当しない。ここでは「べし」は場違いなのであって、なぜなら意欲はすでにそれ自体で必然的に法則と一致しているからである。したがって命法とは、意欲一般の客観的な諸法則と、たとえば人間の意志のような、あれこれの理性的存在者がもつ意志の主観的な不完全さとの関係を表現している定式にすぎない

414

のである。

あらゆる命法は、仮言的に命じるか定言的に命じるかのどちらかである[11]。仮言命法は、意志している（あるいはとにかく意志することが可能である）何か他のものごとへ到達するための手段として、何らかの可能な行為が実践的に必然であることを表象する。定言命法は、ある行為が他の何らかの目的との関係なしに、行為それ自体として客観的に必然的なものであることを表象するものだと言えよう。

どんな実践的法則も何らかの可能な行為を善であるとして、したがって理性によって実践的に規定されうる主体にとって必然的なものとして表象しているのだから、あらゆる命法は、何らかの点で善い意志の原理に従えば必然的であるような行為を規定している定式なのである。さて、もしその行為がもっぱら他の何かのために手段として善であるだけなら、その命法は仮言的である。もしその行為がそれ自体として善であるとして表象されるなら、したがって、それ自体で理性に適合している何らかの意志において、その意志の原理として必然的だと表象されるなら、その命法は定言的である。

したがって命法は、私によって可能であるどんな行為が善であるかを述べるものであり、善いことだからといってもすぐには行為を行わないような意志との関係の中で、実践的な規則を提示してくる。すぐに行わないのは、その行為が善であることを主体がいつでも知っているわけではないからでもあり、またたとえ善であることを知っていたとしても、その主体の格律が実践理性の客観的な諸原理に反しているかもしれないからである。

こうしてみると仮言命法が語っているのは、行為がある何らかの可能的あるいは現実的な意図にとって善いということにすぎない。前者の場合には、その仮言命法は**蓋然的**に実践的な原理であり(12)、後者の場合には、その仮言命法は**実然的**に実践的な原理である。定言命法は、何らかの意図とは関係なく、他の何の目的もなしに行為をそれ自身で客観的に必然的であると宣言するものであり、**必当然的**に実践的な原理として妥当するものである(13)。

何らかの理性的存在者の力だけによって可能であることは、何らかの意志にとっても意図することが可能なものだろうと考えることができる。それだから行為の諸原理は、その行為を通じて実現されるはずの何らかの可能な意図を達成するのに必然的だと示されるだけでよければ、実際のところ無限に多くある。あらゆる学には何らかの実践的な部門があり、その部門は、何らかの目的がわれわれにとって可能であることを示すという課題と、どのようにすればその目的を達成できるかを示す諸命法からなる。したがってそれらの命法は一般に、**熟練**の命法と呼んでもよい。目的が理性的で善であるかどうかはここではまったく問題ではなく、問題なのはその目的を実現するためにしなければならないことだけである。医者が自分の患者を根本的に治癒するための処方と、毒殺者が相手を確実に殺すための手法は、それぞれが自分の意図を完全に達成するために役立つかぎりにおいて、同じ価値をもつ。若いあいだは、人生の中でどんな目的をもつことになるかわからないので、親たちはとりわけ自分の子供たちに実にいろいろなことを学ばせようとし、子供たちがいずれもつかもしれないことはたしかにありうるが[14]、自分では何とも決められないあらゆる種類の任意の目的のために、手段を使うことに熟練させようとする。親たちはこうしたことに気を配るあまり、子供たちが自分の目的としたいものごとの価値に関して、判断を形成したり正したりできるだろうかという点については、たいていおろそかにしてしまうのである。

とはいうものの、すべての理性的存在者に（命法が彼らに、つまり依存的な存在者にあてはまるかぎりにおいてだが）現実的に前提できるような、ひとつの目的が存在しているのであって、それだから、たんに彼らがもつことがありうるというのではなく、ある自然必然性によって総じてもっているとたしかに前提することができるような、ひとつの意図が存在する。それは幸福への意図である。仮言命法が行為の実践的な必然性を、幸福を促進する手段として提示しているのであれば、その仮言命法は**実然的**となる。その命法は不確実でたんに可能でしかない何らかの意図にとって必然的だと言えるだけでなく、それがすべての人間の本質に属しているために、どんな人間にも確実かつア・プリオリに前提できる意図にとって必然的なのだと言われねばならない。ところで、自分をもっとも幸せにするように手段を選択する熟練は、もっとも狭い意味での怜悧*と呼ぶことができる。それだから、自分自身を幸福にする手段を選択することに関する命法、すなわち怜悧の指令は依然として仮言的なものである。つまり行為は端的に命じられるのではなく、別の何らかの意図のための手段としてのみ命じられるのである。

*怜悧という言葉は二つの意味で使われており、第一には世間的な怜悧、第二には私的な怜悧と呼ぶことができる。前者は、だれかが自分の意図のために利用しようとして、他人に影響を与えるのに熟練していることである。後者は、そのようなあらゆる意図を自分自身の持続的な利益のために統合する洞察力である。後者は、そもそも前者の価値さえもそこに帰属させるものなのだから、前者の方では怜悧だが後者の方では怜悧でないような人間については、

「あの人は如才なくて小利口ではあるが、それでも全体としては怜悧ではない」と言った方がよいだろう。

最後に、ある行動によって達成されるはずの何らか別の意図を条件として根拠に置くことをせず、その行動を直接に命令するような命法がある。このような命法は**定言的**である。この命法は、行為の実質や行為から生じるはずの結果に関わるものではなく、行為そのものが由来する形式と原理に関わるものであって、その行為の本質的な善さは、命法が求めた結果がたとえどんなことになろうとも、その心意にある。こうした命法は、**道徳性**の命法と呼んでよいだろう。

このような三つの原理に従う意欲は、意志の強制の不均一性によっても明確に区別される。そこで、これらの原理の違いを目立たせるためにも、次のように順番に名づけることがもっとも適切だろうと思われる。すなわちそれらは、熟練の規則であるか、怜悧の勧告であるか、道徳性の命令(法則)であるかのいずれかなのである。なぜなら、法則だけが無条件でしかも客観的な、したがって普遍的に妥当するような必然性の概念をもち合わせているからであり、また命令は、それに従わねばならない法則、すなわち、傾向性に反しても遵守されねばならない法則だからである。勧告にはたしかに必然性が含まれているが、その必然性は、この人やあの人があれこれのことを幸福と考えるかどうかという、主観的で偶然的[15]な条件の下でしか妥当しない。それに対して、定言命法はどのような条件によっても制限されることなく、絶対的に、とはいえ実践的にではあるが、必然的なので、文字どおり命令と呼んでよいものである。第一の命法を技術的（技巧に属する）、第二の命法を実効的*（福祉[16]に属する）、第三の命法を道徳的（自由な行動一般、すなわち道徳に属する）と呼んでもよいだろう。

*実効的という言葉の本来の意味は、これでもっとも厳密に規定できるのではないかと思われる。なぜなら、国事詔書[17]が実効的と呼ばれるのは、そもそもそれが必然的法則としての国家の法に由来するのではなく、一般的な福祉のための配慮に由来するものだからである。歴史が実効的に書かれているというのは、それが人々を怜悧にする場合、つまりどうすれば自分たちがかつての時代よりもよりよい利益を、あるいは少なくとも同じだけの利益を世間に配慮できるのかを教えている場合である。

さて、そこで疑問が生じる。これらの命令はどのようにして可能なのか？　この問いは、命法が命じる行為の遂行がどのように考えられうるかではなく、命法が任務として表現している意志の強制がどのように考えられるか、ということのみを知ろうとするも

417

のである。熟練の命法がどのようにして可能なのかについては、とくに解明など必要ではないだろう。目的を意志する者は、(理性が自分の行為に決定的な影響を与えているかぎり)その目的のために不可欠であり必然的な手段で、自分が思うように使えるものならその手段もまた意志する。この命題は、意欲に関していえば分析的である。なぜなら、私が生じさせる結果として何らかの客体を意欲することの内には、行為する原因である私がもつ原因性、すなわち手段の使用がすでに考えられているので、命法はこの目的を意欲することという概念から、この目的にとって必然的な諸行為の概念をすでに引き出しているからである(提示された意図に対して手段そのものを規定することには、もちろん総合命題が含まれてはいるが、しかしそれは意志の活動を実現する根拠に関わるのではなく、客体を実現する根拠に関わっている)。一本の線分をひとつの確実な原理に従って二等分するのに、その線分の両端から二つの交差する円弧を描かねばならないということを、数学はもちろん総合命題によってのみ教える。しかし「もし私が、そのような行為によって初めて想定された結果が生じうると知っている場合には、私がその結果を完璧に意志するなら、私はそのために必要な行為をもまた意欲する」、ということは分析命題である。(18) というのも、何ものかについて、それが私によってある方法で可能となる結果なのだと表明することと、結果が可能になるよう考慮してその同じ方法で行為するのが私なのだと表明することは、まったく同じことだからである。

もし、幸福について明確な概念を与えることが容易でありさえすれば、怜悧の命法は熟練の命法と完全に一致し、同じように分析的なものとなるだろう。なぜなら怜悧の命法についても、熟練の命法と同じく次のように言えるだろうからである。すなわち、目的を意志する人は、その目的のために自分が思うように使える必要な諸手段もまた(理性に適合して必然的に)意志することになる、と。しかし残念なことに幸福という概念は、すべての人がそれを手に入れたいと望んでいるにもかかわらず、たいへん不明確な概念なので、人は自分が本当のところ何を望み、何を欲しているかを、はっきりと自分自身に即して言うことがどうしてもできない。その原因は、幸福の概念に属するすべての要素が総じて経験的なもので、つまりは経験から借りてこなければならないのだが、それにもかかわらず、幸福の理念のためにはひとつの絶対的な全体、すなわち私の現在の状態と未来のあらゆる状態における幸福の最大値が必要となるということにある。ところで、どれほど洞察力があり、同時にどれほど有能であっても、やはり有限な存在者である人には、自分が幸福について本当のところ何を意欲しているのかについて、明確な概念を形成することは不可能である。もし富を求めるなら、人はそれによって実に多くの心配ごと、嫉妬、金の無心に悩まされることになるだろう。認識や洞察をより多く求めようとするなら、その人の眼差しはいよいよ鋭さを増していくだろうが、そうすれば、今はまだ隠されているが避けがたい厄災が、自分にとってますます恐ろしいものとして見えるようになってしまうか、あるいは、すでに十分に自分を悩ませているさまざまな欲求の上に、さらなる欲望を背負い込ませるようになってしまうだろう。もし人が長生きを求めるとしても、それが長い悲惨にならないとだれがその人に保証してくれるのか？　せめて健康であることを求めたとしても、身体の不調のおかげで、無制限の健康によって身をもち崩してしまったかもしれないことが、どれだけよく防げたことだろうか、などなど。つまるところ人は、何が自分を本当に幸福にしてくれるかを、あるひとつの原則によって十分確実に決定することなどできないのである。なぜならそれをするには全知全能が必要となるだろうからだ。したがって人は、特定の諸原理に従って行動すれば幸福になれるというわけではなく、せいぜい経験的な勧告、たとえば食事制限、節約、礼節、遠慮深さなどに従って行動できるにすぎないが、経験が教えるところでは、平均すればこれらがもっとも幸福を促進してくれるのである。ここからわかるのは、怜悧の命法は厳格に言えば何ら命令するものではない、つまり実践的に必然的なものとして諸行為を客観的に提示できないということであり、怜悧の命法は理性の命令（教導）というより、理性の助言（勧告）と見なされるべきものだということである。どのような行為によって理性的存在者の幸福が促進されるかを確実かつ普遍的に決定する、などという課題はどうやっても解決できないので、この課題に関して、幸福をもたらすことを行えと厳格な意味で命じる命法はあり得ない。なぜなら、幸福とは理性の理想ではなく、たんなる経験的な諸根拠に基づいている構想力の理想だからであって、それらの経験的諸根拠によってある行動が決定されることはあっても、その決定を通じて、実際には無限の系列をなしている諸帰結の全体性が達成されるなどというのは、むなしい期待にすぎないからである。こうした怜悧の命法は、幸福への手段を確実に定めてくれるものだと想定するなら、ひとつの分析的な実践的命題にはなるだろう。なぜなら怜悧の命法が熟練の命法と区別されるのは、熟練の命法では目的はたんに可能であるにすぎないが、怜悧の命法においては目的が与えられている、という点だけだからである。どちらの命法も、人があるものごとを目的として欲していることを前提として、そのための手段を命じているだけなので、目的を欲する者に対してその手段を意欲することを命じる命法としては、どちらの場合にも分析的となるからである。したがって、こうした怜悧の命法の可能性についても何ら困難はない。

それに対して、道徳性の命法がどのようにして可能なのかは、間違いなく何らかの解決を必要とするただひとつの問題である。なぜならこの命法はおよそ仮言的なものではなく、したがって、客観的に提示されるその必然性は、仮言的な諸命法の場合のようにはどんな前提に基づくこともできないからである。ただこの場合につねに注意されるべきなのは、そもそもそのようなたぐいの命法がどこかにあるのかどうかが、いかなる実例によっても、つまり経験的には確認できない、ということではなく、定言的に見えるものがすべて、実は隠れた仕方で仮言的なのかもしれない、という懸念をもつことである。たとえば、君は嘘をついて約束してはならない、と言われるとして、そんな約束はすべきではないということの必然性が、他の何らかの悪を避けるためのたんなる忠告とは見なされないとする。それはつまり、その嘘が明らかになったときに君の信用が失われてしまわないために、嘘をついて約束すべきではない、というのではなく、そのような行為はそれ自体で悪と見なされねばならず、したがってそれを禁止する命法は定言的だからだ、と主張されているということである。しかしそれでも、ここでは意志が他の動機をもつことなく、もっぱら法則によって規定されているのだということを、たとえどれほどそう見えたとしても、どんな実例によっても確実に示すことはできない。なぜなら、恥をかくことへのひそかな恐れ、あるいは他の危険への漠然とした懸念が、意志に影響を与えているかもしれないということは、いつでもありうるからである。何らかの原因が存在しないということを、だれが経験によって証明できるだろうか、経験が教えてくれるのは、われわれがそのような原因を知覚していないということにすぎないのである。そのような場合、いわゆる道徳的命法は、命法としては定言的で無条件的であるように見えるが、実際のところは、われわれの利益に注意を向けさせ、それを考慮に入れるように教えるだけの、実効的な指令にすぎないものとなるだろう。

したがって、定言命法の可能性はまったくア・プリオリに探究されねばならないだろう。なぜなら、ここでは定言命法の現実性が経験の中で与えられているので、その可能性を明確にしなければ命法が確立しないというわけではなく、可能性はたんに命法の説明のために必要なだけなのだ、などというような好都合な状況にはないからである。とはいえ、さしあたってこれだけのことは分かっている。それはすなわち、定言命法だけが実践的**法則**と呼べるもので、他の命法は総じて意志の諸原理と呼ぶことはできても、諸法則とは言えないということである。なぜなら、何らかの任意の意図を達成するためにのみ必然的になさねばならないようなことは、それ自体偶然的だと見なされうるのであって、その意図をあきらめてしまえばいつでもその指令から解放されることができるのに対して、無条件的な命令は、意志が勝手にその反対のことを自由にするのを許さないのであって、したがってそれだけが法則に求められる必然性をそなえているからである。

第二に[19]、この定言命法あるいは道徳性の法則においては、(その可能性を洞察することが)困難であることの根拠もまた非常に重要なものである。定言命法はア・プリオリな総合的かつ実践的命題であり[*]、この種の命題を洞察する可能性については理論的認識でも多くの困難があることから、実践的認識においてもそれに劣らず困難だろうということが容易に推定されるのである。

＊私は、何らかの傾向性による前提条件もなしに、行為をア・プリオリに、したがって必然的に意志と結びつける(ただしそれはただ客観的にのみ、すなわちあらゆる主観的な動因を完全に支配するような理性の理念に基づいてのみ結びつける、ということである)。それだから、この命題はひとつの実践的な命題なのであって、ある行為の意欲を、すでに前提とされ

ている別の意欲から分析的に導出するのではなく（われわれにはそのような完全な意志はないから）、ある行為の意欲を理性的存在者としての意志の概念と直接に、その意志の概念に含まれていない意欲として、結びつけるのである。

こうした課題に際してまず最初に探究しようとするのは、定言命法というたんなる概念は、それだけが定言命法でありうる命題を含むような、定言命法自体の定式をもおそらく与えてくれるのではないか、ということである。なぜなら、たとえそのような絶対的命令がどんなものであるかがわかったとしても、そのような絶対的命令がどのようにして可能なのかについては、やはり特殊で困難な努力が必要となるからだが、しかしその努力は最終章に取っておくことにしよう。

私が何らかの仮言命法を一般に考えるとき、その条件が私に与えられるまでは、命法が何を含んでいるのかをあらかじめ知ることはない。しかし、もし私が何らかの定言命法を考えるなら、私にはそれが何を含むかがすぐに分かる。なぜなら定言命法には、法則の他には、格律*がその法則に適合しなければならないという必然性だけが含まれており、法則の方は自分を制限している条件を含んでいないので、残っているのは、行為の格律が適合しなければならない法則一般の普遍性ということだけだからである。定言命法はそもそも、その適合性だけを必然的なものとして示しているのである。

*格律とは行為する際の主観的な原理のことであり、客観的な原理すなわち実践的法則からは区別されなければならない。格律は、理性が主観的な諸条件(ときには主観の無知やさまざまな傾向性)に合わせて規定する実践的規則を含んでいるので、主観が行為する際に従っている原則となる。しかし、法則は、すべての理性的存在者に妥当する客観的原理であり、それに従って行為すべき原則、すなわち命法である。

421

こうしてみると定言命法はただひとつだけであり、それは次のようなものとなる。「君の格律が普遍的法則になることを、その格律を通じて同時に君が意欲できるような、そのような格律にのみ従って行為せよ。[20]」

もし、義務に関するあらゆる命法が、義務の原理であるこのたったひとつの命法から導かれるのであれば、義務と呼ばれるものがまったく空虚な概念でないかどうかは未決定のままにしておくとしても、少なくともわれわれが義務ということで何を考えており、義務の概念が何を言おうとしているかについて示すことはできるはずである。

法則からはいろいろな結果が生じてくるが、その法則の普遍性がそもそも作り出しているのが、もっとも一般的な意味で(形式としての)自然と呼ばれるもの、すなわち普遍的な諸法則によって規定されている諸事物の現存なのだから、義務の普遍的な命法は次のように表現することもできるだろう。「君の行為の格律が君の意志を通じて**普遍的な自然法則**になるかのように、行為せよ。(21)」

さてここでいくつかの義務を、通例の区分(22)に従って、自分自身に対する義務と他の人間に対する義務、完全義務と不完全義務とに分けて列挙してみよう。*

＊ここで注意しておかねばならないのは、私は義務の分類については、将来の『道徳形而上学』(『人倫の形而上学』)のためにまったく保留しており、したがって、ここでの区分は(私が出す例を整理するために)任意に設定されているにすぎないということである。ちなみに、ここで言われる完全義務とは、傾向性の利益にとっていかなる例外も認めないような義務のことであり、その際私は外的な完全義務だけでなく内的な完全義務も考えている。これは学校で通用している語用法には反するが、そのような語用を認めてもらえるかどうかは私の意図には関係のないことなので、私はここでそれについて釈明するつもりはない。

一(23)　ある人が、たび重なる厄災をこうむったために絶望的になってしまい、生きることに倦み疲れた気にはなっているが、それでもまだ理性を保っていて、自ら命を絶つことが自分に対する義務に反しないかどうか、自問できるとする。そこで彼は、自分の行動の格律がおよそ普遍的な自然法則になりうるかどうか試してみる。ところで、彼の格律とは次のようなものである。「長生きによって、快適さが約束されるより多くの厄災に脅かされるくらいなら、私は人生を短縮することを、自己愛から自分の原理とする。」問題となるのはただ、この自己愛の原理が普遍的な自然法則になりうるかどうか、ということのみである。だがすぐにわかることだが、感覚とは生きることを促進させるようにうながす使命をもっているのに、その同じ感覚によって、生きること自体を破滅させるというのが自然法則なのだとしたら、そんな自然は自己矛盾しており、したがって自然として存立しないことになるだろう。それだから、先の格律は普遍的な自然法則としては成立できず、結果としてすべての義務がもつ最高の原理にまったく矛盾することになるのである。

二(24)　別のある人は、困窮して借金をしなければならないことが分かっている。彼がよく分かっているのは、自分には返済できないだろうということと、だがそれでも、一定の期限に返済すると固く約束しないかぎり何も貸してはもらえないということである。彼はそのような返済の約束をしたい気分なのだが、それでもそんな方法で窮地を脱するのは許されないのではないか、義務に反しているのではないかと自問するだけの良心がある。それでももし、彼がそのような約束を決意しようとした場合には、彼の行為の格律は次のようなものになるだろう。「私は自分が金に困窮していると思うなら、借金をしようと思う、そしてたとえ決して実行されないと知っていても、返済の約束をしようと思う。」さて、この自己愛ないし自分の好都合という原理は、ひょっとすると私の将来すべてにわたる幸福とは一致するかも知れないのだが、しかしここで問題なのは、それが正当かどうかである。そこで私は、自己愛のそのような振る舞いを普遍的法則に変換して、問いを次のように組み直す。私の格律が普遍的法則となるとしたらどうだろうか。するとただちに、私の格律は決して普遍的な自然法則としては妥当できないので、自分自身と合致できないばかりか、必然的に自己矛盾とならねばならないことがわかる。なぜなら「だれでも、自分が困窮していると分かっているなら、守るつもりがなくとも自分の思いつきを何でも約束してよい」、という法則が普遍性をもってしまえば、だれも自分に何かが約束されたとは信じられず、約束するなどという発言はすべて無意味な口実だと笑われるようになるだろうから、約束ということ、そして人が約束をする目的というものが、それ自体として不可能なものになってしまうからである。

三[25]　三番目の人は、いくらかの教養を身につければ、いろいろな用途のために役立つ人物になれるだけの才能が自分の中にあると思っている。だが彼は、自分が快適な環境にいることを知っており、幸運にも自分に与えられた自然の資質を展開し向上させるように努力するよりも、むしろ快楽にふけることを好む。しかしそれでも彼は、自然から与えられた自分の素質を退廃するに任せるという彼の格律が、面白おかしく生きようとする彼の性癖自体と一致することは別にしても、その格律が義務と呼ばれるものとも一致しているのかどうか、とも自問する。そこで彼がわかるのは、たとえ人間が（南洋の住民のように）その才能を錆びつかせ、もっぱら怠惰、快楽、生殖、ひと言で言えば享楽に人生を費やしたいと望み、そのようなものを普遍的法則として従ってもなお、自然というものは存立できるのだ、ということである。しかしながら、そのような人生が普遍的な自然法則となることや、自然の本能によって普遍的な自然法則としてわれわれの内におかれることを、彼が**意欲する**ことができるかと言えばそれは不可能である。なぜなら、理性的存在者である彼は、自分の中にあるすべての能力が開発されることを、必然的に意志するからである。というのも、何といってもそのような能力は、さまざまに可能な意図のために有用であるように、彼に与えられているものだからである。

(26)
四　さらに四番目の人は、暮らしがうまくいっており、他の人々が大きな苦難と闘わなければならない（彼はその人々を助けることも十分にできるはずだが）のを見ながら、こう考える。それが私に何の関わりがある？　たとえだれであれ、天の意あるいは自分の力によって幸福になろうとも、私は彼から何も奪わないどころか、うらやんだりもしない。ただ私は、彼の幸福のために、あるいは彼の窮状を助けるために尽力する気はさらさらない、と。さて、もしこのような考え方が普遍的な自然法則になったとしても、人類はなるほどきっとうまく存続することができるだろうし、だれもが同情や好意を口にし、時にはそのようなことをするのに熱中したりもするが、その一方で、機会さえあれば人をだまし、人間の権利を売りとばし、そこまで行かなくても権利を侵害してしまうような場合よりも、人類は疑いなくずっとよく存続することができるだろう。しかしながら、たとえその格律に従って何らかの普遍的な自然法則が存立する可能性がたしかにあるとしても、それでも、そのような原理が自然法則としてどこにでも妥当してほしい、と**意欲する**ことなどはできない。なぜなら、そんなふうに決定する意志は自己矛盾におちいるからであって、人には他人の愛や同情を必要とする場合も少なからず生じるのに、自分自身の意志から生じたそのような自然法則のせいで、自分が望んでいる助力の希望がすべて奪われてしまうことになるからである。

さて、これらは多くの現実の義務、あるいは少なくともわれわれが現実だと見なしている義務の一部であり、それらの義務の区分が上に述べた唯一の原理から導かれることは明らかである。人は、自分の行為の格律が普遍的法則となることを、意欲することができるのでなければならない。424 これが、われわれの行為一般に対する道徳的判定の規準(27)である。いくつかの行為は、その格律が矛盾なしに普遍的自然法則になるなどとはおよそ考えることすらできないような性質のものであり、ましてやそれが普遍的自然法則になるべきだ、などということを意欲することはわれわれにできるものではない。他のいくつかの行為については、そのような内的な不可能性は見出せないが、それでも、その格律を自然法則がもつ普遍性まで高めることをわれわれが意欲するのは不可能である。そのような意志は自分自身に矛盾することになるだろうから。容易にわかるように、前者のいくつかの行為は厳格ないしは狭義の(譲歩不可能な)義務に反しており、後者のいくつかの行為はより広義の(功績的な)義務のみに反しているのだから、これであらゆる義務が、拘束力の種類(行為の客体ではなく)に関してはただひとつの原理に依存しているこれらの例を通じて、完全に配置されたのである。

さて、もしわれわれが何らかの義務に違反するたびに自分自身に注意を向けてみると、われわれは、自分の格律を普遍的法則にしようなどとは、実のところ欲してはいないことに気づく、なぜならわれわれにとってそのように欲することは不可能であり、むしろその逆の格律の方が普遍的法則でありつづけるべきものだからである。ただわれわれは自分のために、あるいは(今回だけは)自分の傾向性の利益のためにといって、法則に勝手にひとつの例外を作っているにすぎない。したがって、もしわれわれがすべてをひとつの同じ観点、すなわち理性という観点から吟味してみるなら、われわれは自分の意志の中でひとつの矛盾に、すなわちある原理が客観的には普遍的法則として必然的であるのに、主観的には普遍的に妥当せず例外を容認すべきである、という矛盾にぶつかることになるだろう。だがわれわれは、まずもって完全に理性に適合している意志という観点から自分の行為を考え、次にその同じ行為を、傾向性を通じて触発された意志という観点からも考えたのであって、そこでは実際には何ら矛盾はない。あるのは理性の指令に対する傾向性の抵抗(対抗性)(28)であり、その抵抗を通じて原理の普遍性がたんなる一般性(29)に転移されてしまい、それによって実践的な理性原理と格律が中途半端に一緒くたになってしまう。こうしたことは、われわれ自身が公平に判断すれば正当化できないものなのだが、しかしそれは、われわれが定言命法の妥当性を実際に認識している(それに対して全面的に敬意をはらっている)にもかかわらず、取るに足らないように思えるいくつかの例外だけにはこだわりをもって自分に許容してしまう、ということを立証しているのである。

以上でわれわれは少なくとも次のことを明らかにした。それは、もし義務がわれわれにとって意義をもち実際の立法を含むべき概念であるというなら、そのような義務は定言命法でしか表現できず、仮言命法では決して表現できないということである。また同様にわれわれが、あらゆる義務の原理(そのようなものがそもそも存在するとしてだが)を含んでいなければならないはずの定言命法の内容を、明白に、またどんな使用に対しても確定的に示したというのは、それだけでも重要なことである。しかしながらわれわれはまだ、そのような命法が実際に成立していること、いかなる動機もなしに端的に命令するような実践的法則があるということ、そしてこの法則を遵守するのが義務であるということを、ア・プリオリに証明するまでにはいたっていない。

そのような証明を行おうとする際にとりわけ重要となるのは、この原理の実在性を人間本性の特殊な性質から導き出そうなどという気を起こしてはならない、という自戒の念をもつことである。なぜなら、義務は行為の実践的に無条件な必然性でなければならない。したがって、義務はすべての理性的存在者（そもそも命法はそのような存在者にのみ該当することが可能である）に適用されなければならず、そしてまたひたすらこの理由のみによって、すべての人間の意志にとっても法則でなければならないからである。これに反して、人間性の特殊な自然的素質から導出されるもの、何らかの感情や好みから導出されるもの、さらにありうることとして、人間の理性に固有かもしれないが、かといって理性的存在者の意志ならどんなものにでも必然的に妥当するとは言いがたい特殊な志向から導出されるようなものは、われわれにとってたしかに格律にはなるが、しかし法則にはならない、すなわちわれわれが行為する際に従いがちな好みや傾向性のような主観的原理とはなるが、客観的原理にはならないということである。客観的原理ならば、たとえわれわれのあらゆる好み、傾向性、自然本性的な方向づけが反対しようとも、その原理に従って行為するように指示されるだろうし、さらには、客観的原理であれば、主観的な諸原因がそれに賛同することが少なければ少ないほど、主観的な諸原因がその原理に反すれば反するほど、義務における命令の崇高さと内的な尊厳がますます証明されるのであって、その際に法則の強制は少しも弱まることはないし、法則の妥当性から何かが取り去られることもない。

今やここにいたって、われわれは哲学がきわめて困難な立場に立たされていることに気づく。すなわち哲学は、天にも地にもすがりつくものや支えてくれるものをもたないにもかかわらず、なお堅固なものでなければならないのである。哲学はここで、自分の諸法則の自主的な保持者として、自らの純正さを証明しなければならない。哲学は、自らに植えつけられた感覚や、後見人的な自然がたとえどんなものであれ吹き込んでくる法則を触れ回る者ではない。総じてそのような法則は、まったく何もないよりはあっ
426
た方がましかもしれないが、しかし理性が課してくる諸原則、すなわちその源泉をまったくア・プリオリにもつことによって同時に命令する権威をもつはずであるような、諸原則をもたらすことは決してできない。こうした諸原則は、人間の傾向性からは何も期待せず、すべてを法則の最高権と法則に対する正当な敬意から期待しており、それに反するような場合には、人間に自己軽蔑と内心の嫌悪という判決を言いわたすことになる。

このようなわけで、経験的なものはすべて道徳性の原理にとって添加物であり、原理とするには不適格であるばかりか、道徳そのものの純正さを著しく損なうものである。道徳という点において、端的に善である意志がもつ本来の価値、どんな価格をも超えた高い価値は、まさに、経験が提供しうるだけの偶然的な諸根拠がもつあらゆる影響から、

行為の原理が自由であることに存する。その原理を経験的な動因や諸法則の下に探し求めてしまう安直さや低劣な考え方に対しては、どれほど多く頻繁に警告してもしすぎることはない。なぜなら人間の理性は疲労してくるとこの経験的なものというクッション(30)の上で休みたがり、甘美な虚飾の夢の中で（結局のところ、それは理性にユーノーの代わりに雲を抱かせる(31)ことになる）、由来がまるで異なる諸要素からつぎはぎで作られた雑種を、道徳性に押しつけるからである。そのような雑種は、人が見たいと思い込むもののすべてに似て見えるのだが、一度でもその真の姿を見た者にとっては、徳だけには似ても似つかないものとなる。*

＊徳をその本来の形で見出すということは、道徳性を、感性的なものの混入や報酬や自己愛といった偽りの装飾をすべて取り除いて示すことに他ならない。そのとき、さまざまな傾向性にとっては魅力的に映るすべての他の輝きを徳がどれほど暗いものにしてしまうかは、抽象化が一切できなくなるほどには萎縮していない理性なら、少しでも試してみればだれにでも容易に納得できる。

そこで、問いはこのようになる。あらゆる理性的存在者にとって、普遍的法則として役立つべきだと彼ら自身が意欲できるような諸格律にのっとって、自分たちの行為をつねに判定するということは、必然的な法則なのだろうか。もしそれが必然的法則なのだとすれば、その法則は(まったくア・プリオリに)すでに理性的存在者一般の意志という概念に結びついているにちがいない。しかしこの結合を発見するためには、たとえどれほど抗おうとも、形而上学へと一歩を踏み出さなければならない。それは思弁哲学の領域とは異なる形而上学の領域、すなわち道徳の形而上学への一歩である。実践哲学において重要なのは、生起しているものごとの諸根拠を想定することではなく、たとえ一度も起きたことがないとしても、生起すべきことの諸法則、すなわち客観的に実践的な諸法則を想定することである。だからたとえば、以下のようなことの諸根拠について探究する必要はない。何かが気に入ったり気に入らなかったりするのはなぜなのか、たんなる感覚上の満足は趣味とどう違うのか、さらに、趣味は理性のある種の普遍的な適意[32]と異なるのかどうか、快や不快の感情は何に基づいているのか、さらには、欲求や傾向性はどのようにして快や不快の感情から生じ、その欲求や傾向性に理性が協働することで諸格律が生じてくるのか。というのも、これらすべては経験的心理学に属することがらだからである。経験的心理学は、経験的諸法則に基づいているかぎりでの自然哲学と見なされる際には、自然学の第二部門[33]を構成するものだろう。だがここでの問題は客観的に実践的な諸法則についてであり、したがって、もっぱら理性によって規定されるかぎりでの、意志の意志自身との関係が問題なのであって、そこでは経験的なものごとと関わるものは自ずからすべて排除されてしまう。なぜなら、理性がひとりだけで振舞いを規定する（われわれはこの可能性を今まさに探究したい）というのであれば、理性はそのことを必然的にア・プリオリに行わねばならないからである。

意志とは、一定の諸法則の表象に適合して自分自身を行為へと規定する能力と考えられるだろう。そして、そのような能力は、理性的存在者にのみ見出すことができる。さて、意志の自己規定に際して、その客観的根拠として役立つものは目的であり、その目的がただ理性のみによって与えられるのであれば、すべての理性的存在者に等しく妥当するにちがいない。それに対して、目的をその結果とする行為にとっての可能性の根拠しか含んでいないものは、手段と呼ばれる。欲求の主観的根拠は動機であり、意欲の客観的根拠は動因である。したがってそれが、動機に基づいている主観的な諸目的と、すべての理性的存在者に妥当する動因による客観的な諸目的とのちがいとなる。実践的な諸原理は、すべての主観的な目的を捨象してしまえば形式的になるが、そのような主観的目的、つまり特定の動機に基づくときには実質的になる。理性的存在者が自分の行為の結果として任意に設定する諸目的（実質的目的）は、総じて相対的なものでしかない。なぜなら、そのような諸目的に価値を与えているのは、もっぱら主観のそれぞれに特殊な欲求能力と諸目的との関係だけなのであり、したがって、あらゆる理性的存在者にとって普遍的な諸原理や、どんな意欲にとっても妥当する必然的な諸原理、すなわち実践的な諸法則を提供することができないからである。それゆえ、これらすべての相対的な諸目的は仮言命法の根拠であるにすぎない。

しかしながら、それが現存することがそのこと自体として絶対的な価値をもち、目的それ自体として特定の法則の根拠となりうるようなものがもしもあるとすれば、そのようなものの中に、そしてただその中にのみ、何らかの可能な定言命法、すなわち実践的法則の根拠があるはずである。

そこで私は言おう。人間、そして一般にどんな理性的存在者も、目的それ自体として現存しているのであり、あれこれの意志が任意に使用するための手段としてのみ現存するわけではなく、行為が自分自身に向けられていようが他の理性的存在者に向けられていようが、ともかくそのあらゆる行為に際して、つねに同時に目的と見なされなければならない、と。傾向性の対象はすべて条件付きの価値しかもっていない。というのも、もし傾向性や傾向性に基づいた欲求がなかったとしたら、それらの傾向性の対象は価値をもたないであろうから。傾向性そのものは諸欲求の源泉ではあっても、それ自体が望まれるほどの絶対的価値をもっておらず、むしろ傾向性から完全に自由になることの方が、すべての理性的存在者がもつ普遍的な願望でなければならない。それだから、われわれの行為を通じて獲得されるべき対象の価値はすべて、つねに条件付きのものなのである。われわれの意志に基づくのではなく自然に基づいて現存している存在者は、それが理性をもたない存在者である場合には、手段として相対的な価値しかもたず、したがって物件と呼ばれる。これに対して理性的存在者は人格と呼ばれるが、それは、理性的存在者の自然本性が、その存在者をすでに目的それ自体として、すなわちたんに手段として使われてはならないようなものとして際立たせているからであり、したがってそのかぎりであらゆる選択意志を制限する(それによってある尊敬の対象となる)ものだからである。それゆえこうした理性的存在者は、たんなる主観的な目的、すなわちわれわれの行為の結果としてその現存がわれわれにとって価値をもつようになる主観的な目的ではなく、客観的な目的、すなわちそれが現存すること自体が目的なのであって、それに代えて他の目的を設定し、理性的存在者をその目的のためにたんに手段としてのみ奉仕させることなどはできないような目的なのである。というのも、こうしたものがなければ、絶対的価値をもつものはまったくどこにも見つけられないことになるだろうが、もしすべての価値が条件付き、すなわち偶然的なものになってしまえば、理性にとって最上位の実践的原理はどこにも見つけられないものとなってしまうだろうからである。

そこでもしも最上位の実践的原理があるべきであり、人間の意志に関して何らかの定言命法があるべきだとするなら、それは次のようなものとならねばならない。すなわちそれは、目的それ自体であるゆえにだれにとっても必然的に目的であるものの表象から意志の客観的原理を構成することで、普遍的な実践的法則として役立ちうるようなものである。この原理の根拠となるのが、理性的な自然本性は目的それ自体として現存する、ということなのである。人間は必然的に自分自身の現存をそのようなものだと考えているので、そのかぎりでこのことは人間の諸行為の主観的原理である。しかし、他のどんな理性的存在者もまた、私にも妥当するのとまったく同じ理性根拠によって、自分の現存をそのようなものだと考えている。*そうであればこの原理は同時に客観的原理ともなり、最上位の実践的根拠として、この原理から意志のすべての法則が導出されうるのでなければならない。そこで、実践的命法は次のようなものになるだろう。「君は、君の人格の中にあるとともに他のどんな人の人格の中にもある人間性を、つねに同時に目的として扱い、決してたんに手段として扱うことのないように、行為せよ。[34]」ではこうしたことが実行できるものかどうか、見てみよう。

＊私はここで、この命題を要請として提示する。そのことの根拠は、最終章で明らかになるだろう。

先に述べたいくつかの例をそのまま使うなら、以下のようになるだろう。

第一に、自分自身に対する必然的な義務という概念に従うなら、自殺しようと考える人は、自分の行為が目的それ自体としての人間性という理念と両立しうるかどうかを、自問することになる。もし辛苦の状況から逃れるために自分自身を破滅させるというのであれば、彼は、何とか耐えている状況を人生の終わりまで維持するためのたんなるひとつの手段として、人格を利用しているのである。しかし人間は物件ではないので、たんに手段として扱われうるようなものではなく、その人のすべての行為においては、つねに人間が目的それ自体と見なされなければならない。そうであるなら、私は、私の人格における人間については何ひとつ、それを損壊したり、害したり、殺したりして、勝手に処理することはできない。（あらゆる誤解を避けるためのこの原則のより詳細な規定、たとえば、自分を守るために四肢を切断すること、自分の生命を守るために自分の生命を危険にさらすこと、などについては、ここでは看過しなければならない。それは本来の道徳学[35]に属するものである。）

第二に、他者に対する必然的な義務ないしは責務をもつ義務に関してだが、すぐにわかるのは、他人に対して偽りの約束をしようと考えている者は、他人をたんに手段として利用しようとしているのであり、相手を同時に目的を含むものとしては扱っていない、ということである。なぜなら、私がそのような偽りの約束によって自分の意図のために利用しようとしている当の相手が、彼に対する私の振る舞い方に同意することなどはあり得ず、したがって当人自身がこの行為の目的を含むようになることもあり得ないからである。他人の原理に対するこの矛盾がより明白になるのは、他者の自由と財産に対する攻撃を例にとった場合である。なぜならそこでは、人間の権利を侵害する者が、他人の人格をたんに手段として利用しようと考えていたことは明らかであり、理性的存在者である人間はつねに同時に目的として、すなわち、その同じ行為において自らの内に目的を含むことができなければならないものとしてのみ評価されるべきであるのに、それが考慮されていないことも明らかだからである。*

＊ここで、自分がしてほしくないことを〔他人にするなかれ〕[36]という月並みな文言が、指針や原理に使えるなどとは考えないことである。なぜなら、それはさまざまな条件が付いていても、つまるところは上述した原理からのみ導出されるものだからである。この文言は普遍的法則にはなり得ない。なぜなら、そこには自分自身に対する義務の根拠は含まれず、他人に対する愛の義務の根拠も含まれていないし（多くの人は、自分が他人に親切にしなくてよければ、他人も自分に親切にしなくてよい、ということを喜んで受け入れるだろうから）、結局は相互に対する責務となる義務の根拠も含まれていないからである。だからこの文言を根拠として、犯罪者は自分を罰する裁判官に対して反論を主張することになるだろう、等々。

第三に、自分自身に対する偶然的な（功績的な）義務に関しては、行為がわれわれの人格の中にある目的それ自体としての人間性に矛盾しない、というだけでは不十分なのであって、その行為はまた人間性に一致しなければならない。ところで、人間性の中にはより大きな完全性へと向かう素質がある。そのような素質は、われわれの主観の中の人間性に関わるような自然の目的の一部であって、これを無視しても目的それ自体としての人間性をなんとか維持するくらいのことはできるだろうが、この目的を促進するようなことはできないだろう。

第四に、他人に対する功績的な義務に関してだが、自分自身の幸福ということはすべての人間がもつ自然目的[37]である。ところで、だれも他人の幸福のために何の貢献もしないが、かといってそこから意図的に何も奪い取ったりもしない場合、人間性はなるほど存続できるだろう。しかし、これは目的それ自体としての人間性との消極的合致にすぎず、だれもができるかぎり他人のもつ目的を促進しようと努めなければ、人間性との積極的合致にはならない。なぜなら、目的それ自体である主体がもっているような諸目的は、先の表象[38]が私に全面的な影響をおよぼすはずであるのなら、できるかぎり私の目的でもなければならないからである。

人間性とすべての理性的な自然本性一般は目的それ自体である(これ[39]はどんな人間にとってもさまざまな行為の自由を制限する最上位の条件である)、というこの原理は、経験からの借り物ではない。その第一の理由はこの原理の普遍性であって、この原理はあらゆる理性的存在者一般に適用されるが、どんな経験もあらゆる理性的存在者一般について何ごとかを規定するには十分でないからである。その第二の理由は、この原理において人間性は、人間の目的として(主観的に)ではなく、すなわち、人が現実に自分で目的として立てるような対象としてではなく、われわれがどのような目的を望んでもっているにせよ、法則としてすべての主観的目的を制限する最上位の条件を構成しているはずの、客観的目的として考えられており、したがって純粋理性から生じなければならないものだからである。すべての実践的立法の根拠はつまるところ、客観的には規則に、そして(第一の原理によって)その規則を法則(場合によれば自然法則)となしうる普遍性の形式にあるが、主観的には目的にある。そしてすべての目的の主体は、(第二の原理によって)目的それ自体であるそれぞれの理性的存在者である。このことから今や意志の第三の実践的原理が、意志が普遍的な実践理性と合致することの最上位の条件として、帰結する。それは、普遍的に立法するひとつの意志であるようなそれぞれの理性的存在者の意志[40]という理念である。

意志が自分で普遍的に立法するということと両立できないような格律はすべて、この原理によって退けられる。したがってその意志は、たんに法則に服従しているというだけではなく、また自己立法的なものでもあって、何よりまさに自己立法的であるからこそ法則に(意志は自分をこの法則の制定者と考えることができる)服従しているのだと見なされねばならない、という仕方で法則に服従していることになる。

一般に自然秩序に類似した行為の合法則性、あるいは理性的存在者それ自体がもつ普遍的な目的の優位など、これまで示されてきた表象の仕方に従う命法は、たしかにそれらがまさに定言的と表象されたことによって、それらの命法がもつ命令の威厳の中に何らかの関心が動機として混入することをすべて排除してきた。とはいえ、それらの命法が定言的と想定されたのは、義務の概念を説明しようとすればそのように見なさねばならなかったからにすぎない。だが定言的に命令する実践的命題が存在するということは、それ自体としては証明できていないのであり、本章でもまだここまででは同じように実現できていない。とはいえ次のひとつのことであれば、あるいは実現できたかもしれない。それはすなわち、義務からなされる意欲においては、あらゆる関心が遮断されているという点が、定言命法を仮言命法から区別する固有の標識なのだが、この関心の遮断は、命法に含まれる何らかの規定を通じて、命法そのものの中にともに示されるだろうということである。そしてそれが実現されるのが、今述べている原理の第三定式において、すなわち普遍的に立法する意志としての、それぞれの理性的存在者の意志の理念、という定式においてなのである。

というのもそのような意志を考えてみる場合、法則の下にある意志はまだ関心によってその法則に結びついているのかもしれないが、しかしそれ自体が最上位で立法する意志であるなら、そのかぎりではいかなる関心に依存することもあり得ないからである。

なぜならそのような依存的な意志は、それ自身また別の法則を、すなわち本人の自己愛という関心を普遍的法則に妥当する条件へと制限するための法則を、必要としてしまうからである。

したがって、それぞれの人間の意志が、そのすべての格律を通じて普遍的に立法するような意志であるという原理*は、加えてその正しさを自らに備えているのであれば、次の点で定言命法にまさにふさわしい。それはこの原理が、まさに普遍的立法という理念であるために、いかなる関心にも基づいておらず、したがってあらゆる可能な命法の中でただひとつ無条件的となりうる、という点である。あるいは、よりわかりやすくするためにこの命題を逆にするなら、次のようになる。つまり、定言命法(すなわち、理性的存在者のどんな意志にとっても法則となるもの)があるとすれば、その命法が命令できるのはただ、同時に自分自身を普遍的に立法するものとして対象にできるような、そのような意志の格律に基づいてすべてを行うようにせよ、ということのみである。というのもただそのような場合にのみ、実践的原理および意志の従う命法はいかなる関心もその根拠にできないために、無条件的なものとなるからである。

*この原理の説明のために例を挙げることはここでは省略してよい。最初に定言命法を説明し、

104

さらにはその定式を説明した諸例が、ここでもすべて同じ目的のために使えるからである。

道徳性の原理をいつかは見出そうとして行われてきたこれまでのすべての努力を振り返ってみると、それらが総じて失敗せねばならなかったことも不思議ではない。人間は自分の義務によって法則に結びつけられるものだ、ということは分かっていたが、そのような人間がただ自分自身の立法、とはいえ普遍的な立法に従っていることには思いいたらず、またそのような人間が自分自身の意志に、とはいえ自然目的に従って普遍的に立法するような意志にかなって行為することのみに結びつけられていることにも、思いいたらなかったのである。それだから、人間をたんに(どんなものであれ)法則に従っているものと考えるなら、その法則は魅惑や強制として何らかの関心を伴わねばならなかったはずだ、なぜならその法則は本人の意志から法則として発出してきたものではなく、ある仕方で行為するようにと、他の何ものかによって合法則的に強制されたものだからだ、ということになるのである。しかしながら、このまったくありがちな推論によって、義務の最上位の根拠を見出そうとしたすべての仕事は、取り返しがつかないほどに無駄なものとなってしまった。というのもその仕事で得られたのは義務などではまったくなく、何らかある関心による行為の必然性だったからである。そこでの関心は自分の関心だったかもしれないし、他人の関心だったかもしれない。しかしその場合にはいずれにしても、命法はつねに条件付きでなければならず、道徳的な命令としてはまったく役立つことができなかったのである。そこで私としては、ここでの原則を意志の**自律**の原理と名づけ、それ以外のあらゆる意志の原理を**他律**に数え入れることで、対比させることにしたい。

理性的存在者はだれであっても自らを、自分の意志のすべての格律を通じて普遍的に立法している者と考えねばならず、この観点から自分自身と自分の諸行為を判定する。このような理性的存在者の概念は、それに相即したきわめて実り豊かな目的の王国[41]という概念を導くことになる。

ところで王国とは、さまざまに異なる理性的存在者たちが共通の諸法則によって体系的に結びついているもの、として理解される。その際、諸法則はそれらがもつ普遍的妥当性に従って諸目的を規定しているのだから、理性的存在者たちの個人的な相違と、同時にまた彼らの私的目的の内容すべてを捨象した場合には、すべての目的(目的それ自体としての理性的存在者、および各理性的存在者が自分自身に設定するだろう固有の目的)が体系的に結合した全体、すなわち上記の諸原理に従うことで可能となる目的の王国が考えられるだろう。

というのも理性的存在者はみな、それぞれが自分自身と他のすべての人を決してたんに手段として扱うべきでなく、つねに同時に目的それ自体として扱うべきである、という法則の下にあるからである。このことからは、共通の客観的法則を通じた理性的存在者の体系的結合、すなわちひとつの王国が生じてくる。その共通の客観的法則が意図しているのは、理性的存在者が目的と手段としてまさに相互に関係することであるから、そのような王国を目的の王国(もちろんたんに理想にすぎないものだが)と呼ぶことができるのである。

ただし理性的存在者は、その目的の王国でたしかに普遍的に立法する者だとしても、それらの諸法則に自ら従う者でもある場合には、成員としてこの王国に属する。理性的存在者が元首としてこの王国に属すると言えるのは、立法する者として他のいかなる者の意志にも従っていない場合である。

434

理性的存在者は、意志の自由を通じて可能である目的の王国の中では、自らをつねに立法する者と見なさねばならず、それは成員としてでも元首としてでも同じことである。しかし、たんに自らの意志の格律を通じるということだけで元首の地位を主張することはできない。その理性的存在者が完全に独立した存在者であって、自分の意志に見合った能力のために必要とされるものや、その能力を制限するものがない場合にのみ、元首の地位を主張できるのである。

こうしてみると道徳性とは、目的の王国がそれを通じてのみ可能となるような立法とすべての行為とが関係するところに成立する。しかしこうした立法は、あらゆる理性的存在者自身の中に見出されなければならず、その意志から生じることができるのでなければならない。そこで意志の原理は次のようなものとなる。それはすなわち、「その格律が同時に何らかの普遍的法則となることと両立できるような格律、したがって、意志がその格律を通じて自分自身を同時に普遍的に立法するものと見なすことができるような格律以外の、どんな格律に従っても行為してはならない」、というものである。さて、もしさまざまな格律が、理性的存在者の自然本性のせいで、普遍的に立法する者としての理性的存在者のこの客観的原理にすでに必然的に一致しているとまでは言えない場合には、その客観的原理に従って行為する必然性は実践的強制すなわち義務となる。義務は、目的の王国の元首にふさわしいものではないが、各成員にはふさわしいものであり、そしてじつにすべての成員に対して一律に適用されるものである。

この原理に従って行為することの実践的必然性、すなわち義務は、さまざまな感情、衝動、傾向性などには何ら基づいておらず、まったく理性的存在者の相互の関係にのみ基づいている。その相互の関係の中では、理性的存在者の意志はつねに同時に立法的なものと見なされなければならない。もしそうでなければ、ある理性的存在者が他の理性的存在者たちを目的それ自体として考えることができなくなるからである。そこで理性は、普遍的に立法するものとしての意志がもつあらゆる格律を、他のあらゆる意志に関係させ、またそのような理性自身に対するあらゆる行為にも関係させることになる。しかもそれは、他の実践的な動因や将来の利益のためになされるのではなく、理性的存在者が同時に自分で与える法則以外には従わないという、理性的存在者の尊厳の理念によってなされるのである。

目的の王国では、すべてのものは**価格**か**尊厳**のどちらかをもっている。価格をもつものは、それに置き換えることができる何か他のものを等価物としてもつが、これに対して、すべての価格を超えており、したがってどんな等価物も認められないものは尊厳をもっている。

人間の普遍的な傾向や欲求に関係するものは、市場価格をもつ。欲求などを前提としなくとも、何らか特定の趣味、すなわちわれわれの心の諸力が行う無目的なたんなる遊びへの適意に適合しているものは、感情価格をもつ。(42) だが、その下でのみ何ものかが目的それ自体となりうる条件をなすものは、たんに価格という相対的な価値をもつのではなく、尊厳という内的な価値をもつのである。

さて、道徳性とは理性的存在者がその下でのみ目的それ自体となりうるための条件である。なぜなら道徳性を通じてのみ、理性的存在者は目的の王国の中での立法する成員でありうるからである。したがって道徳性と、道徳性をもちうるかぎりでの人間性のみが尊厳をもつ。仕事における熟練や勤勉には市場価格があり、機知や生き生きとした構想力、陽気さには感情価格がある。それに対して約束における誠実さや、(本能からではなく)諸原則からの博愛には内的な価値がある。自然にも技芸にも、そのような誠実さや博愛が欠乏した場合に代替できるものは何も含まれていない。なぜなら、誠実さや博愛の価値は、それらから生じる結果やそれらが生み出す利益や効用にあるのではなく、心意すなわち意志の格律にあるからである。この格律はさまざまな行為に際して、たとえその行為が好ましい結果をもたらしてくれないとしても、自分を誠実さや博愛のような仕方で諸行為の中で明らかにしようとしている。こうした行為には、それをただちに好ましさや適意で受け取るような何らかの主観的な素質や趣味からの推薦も、それに肩入れしようとする直接の傾向や感情も必要ない。そのような行為は、行為を遂行する意志を直接的な尊敬の対象として示しているのであり、意志に行為を課するのに理性以外の何ものも必要とせず、意志に媚びへつらうことで行為を担ってもらったりはしない。そんなことをすれば、そもそも義務としては矛盾におちいってしまうだろう。こうした評価は、そのような考え方の価値が尊厳なのだということを認識させ、その尊厳を、いわばそれがもつ神聖さを冒瀆することなしに、価格を見積ったり比較したりすることなどおよそできないような、あらゆる価格を超えた無限に高いところに置き移すのである。

それでは、道徳的に善い心意や徳がこのように高い要求を課してくることは、いったい何によって正当化されるのだろうか。それは他でもなく、そのような心意や徳が理性的存在者にもたらしてくれる普遍的な立法への関与によってであり、その関与を通じて理性的存在者は、可能な目的の王国の成員にふさわしい資格をもつことになる。そのような成員となるように、理性的存在者はすでにそれ自身の自然本性によって定められていた。すなわち、目的それ自体であり、そしてまさにそれゆえに目的の王国において立法するものとして、すべての自然法則に関しては自由であり、ただ自分自身に与える法則のみに従い、その法則に従うことで自分の格律が普遍的な立法(理性的存在者は同時に自らその立法に従属する)に帰属することができるように、定められていたのである。なぜなら何ごとであれ、法則がそれに対して定める価値以外にはいかなる価値ももたないからである。ただし、すべての価値を決定する立法自身は、まさにそのようなものであることによって、尊厳を、すなわち無条件で比類のない価値をもっていなければならない。このような価値について、理性的存在者がそれ(43)に関して与えるべき評価を適切に表現してくれるのは、尊敬という言葉だけである。したがって自律ということが、人間の自然本性およびあらゆる理性的な自然本性がもつ尊厳の根拠なのである。

道徳性の原理を示す上述の三つの様式は、しかし根本では同じ法則の三種の定式にすぎず、ひとつの定式はその定式自身の内に他の二つの定式を自ずから統合している。それらの定式にはたしかに相違があるのだが、しかしそれは客観的、実践的な相違というよりもむしろ主観的な相違なのであり、そのことによって、理性のひとつの理念が(ある種の類比によって)直観に近づき、それを通じてさらに感情に近づくことになる。そこですべての格律は以下を含むものとなる。すなわち、

一　ひとつの形式。その形式は普遍性において成立しているので、道徳的命法の定式

は次のように表現される。格律はあたかも普遍的な自然法則として妥当すべきであるかのように選ばれねばならない。

二　ひとつの実質(44)すなわち目的。そこで定式は次のように言われる。理性的存在者はその自然本性上の目的、したがって目的それ自体として、どのような格律に対しても、たんに相対的で任意な諸目的すべてを制限する条件として役立たなければならない。

三　上述の定式を通じたあらゆる格律の完璧なひとつの規定。すなわちそれは、すべての格律が自らの立法によって、自然のひとつの王国*としての何らかの可能な目的の王国に一致すべきだ、というものである。ここでの話の進行は、意志の形式(意志の普遍性)という単一性のカテゴリー(45)、実質(諸客体、すなわち諸目的)という数多性のカテゴリー、さらに諸目的の体系という全体性ないし総体性のカテゴリーを通じて進んでいる。しかし道徳的判定をする場合には、つねに厳格な方法に従って進む方がよく、「同時にそれ自身を普遍的法則とすることができるような格律に従って行為せよ」、という定言命法の普遍的な定式を基礎に置く方がうまくいく。だが、判定だけでなく道徳法則にも立ち入る糸口をつかもうとする場合には、まったく同じひとつの行為を、上述した三つの概念を通じて導いていき、それによって、その行為をできるかぎり直観に近づけることが、きわめて有効なものとなる。

＊目的論は自然をひとつの目的の王国だと考え、道徳学は何らかの可能な目的の王国を自然の王国だと考える。前者では目的の王国とは、現存しているものを説明するための理論的理念であり、後者では目的の王国とは、現存してはいないが、われわれの行為を通じて実現されうるものを、まさにその理念に適合するように成立させるための実践的理念(46)である。

われわれは今や、最初に出発した地点、すなわち、無条件的に善い意志という概念で行程を終わらせることができる。そのような意志は端的に善であり、悪であることはできず、したがってその意志の格律が普遍的法則とされても、決して格律自身に矛盾することはあり得ない。この原理はそれゆえ意志の最上位の法則、すなわち、法則としての普遍性を同時に意欲することができるような格律に従ってつねに行為せよ、という法則でもある。この法則は、意志が自分自身と矛盾し得ないための唯一の条件であり、そのような命法は定言的なのである。可能な諸行為にとって意志が普遍的法則としてもつ妥当性は、ものごとの存在が自然一般の形式である普遍的法則に従って普遍的に結合していることと類比的であるので、その定言命法はまた次のようにも表現できる。すなわち、「自らを同時に普遍的な自然法則として対象にすることができるような格律に従って行為せよ。」端的に善である意志の定式とは、じつにこのような性質のものなのである。

理性的な自然本性がその他の自然本性から区別されるのは、自分自身に目的を設定するという点である。そのような目的はどんな善い意志にも存する実質であろう。しかしながら、(あれこれの目的の達成という)制限条件をもたない、端的に善である意志という理念においては、実現されるべき目的は、(どんな意志をもただ相対的に善いものとするだけであろうから)何であれすべて捨象されなければならない。それゆえここでの目的は、実現されるべき何らかの目的ではなく、自立した目的であり、したがってたんに消極的にのみ考えられねばならないだろう。それはすなわち、決してその目的に反するように行為してはならないということであり、そのような目的は、たんに手段としてではなく、あらゆる意志においてつねに同時に目的として評価されるのでなければならない。さて、このような目的は、あらゆる可能な諸目的の主体そのものでしかあり得ない。なぜなら、そのような主体は同時に、可能な端的に善い意志の主体だからである。というのも、端的に善い意志が他のどんな対象にであれ従属してしまうことなど、矛盾でしかあり得ないのだから。「すべての理性的存在者(自分自身および他人)に対して、その理性的存在者が君の格律の中で同時に目的それ自体として妥当するように行為せよ」、という原理は、こうしてみると、「すべての理性的存在者に対するその固有な普遍的な妥当性を、同時に自らの中に含むような格律に従って行為せよ」、という原則と、根本的には同一のものである。というのも、私はどんな目的のための手段の使用においても、自分の格律を、どんな主体にとっても法則となるという普遍妥当性の条件に制限すべきである、と述べることは、諸目的の主体としての理性的存在者自身がたんに手段としてではなく、あらゆる手段の使用を制限する最上位の条件として、すなわちいつでも同時に目的として、諸行為のあらゆる格律の根底に置かれねばならない、というのとちょうど同じことを述べているからである。

さて、このことから議論の余地なく帰結してくることがある。それは、すべての理性的存在者は目的それ自体である以上、あらゆる法則に関して、たとえ自分がつねにそれらの法則にただ従属しているにすぎなくても、それでも同時に自分が普遍的に立法しているのだと見なすことができなければならない、ということである。なぜなら、格律がそのようにして普遍的な立法に適合していることこそが、理性的存在者を目的それ自体として際立たせるものだからである。また同様に帰結してくるのは、たんなる自然物のすべてにまさる理性的存在者のこの尊厳(優先権)には、自分の諸格律をつねに自分自身

438

の観点から採用すると同時に、立法的存在者としての他のすべての理性的存在者（それゆえにまた人格と呼ばれる）の観点からも採用しなければならないことが伴っている、ということである。さてこのようにして、目的の王国としての理性的存在者たちの世界（叡知界）[47]というものが可能となるのだが、ただしそれは、成員であるすべての人格が自分で立法することを通じて可能となるのである。したがって、すべての理性的存在者はつねに、自分の格律を通じて、普遍的な目的の王国において立法する成員であるかのように行為しなければならない。こうした諸格律の形式的原理は、「君の格律が同時に（すべての理性的存在者の）普遍的法則として役立つべきであるかのように行為せよ」というものである。それだから目的の王国というものは、自然の王国との類比によってのみ可能となるのだが、前者の目的の王国は、自分自身に課した諸規則である諸格律に従ってのみ可能となり、後者の自然の王国は、外部から強制された作用原因の法則に従ってのみ可能となるのである。とはいえ、たとえ自然全体が機械と見なされているとしても、それでも自然が目的としている理性的存在者に関係するかぎり、この点に基づいて自然全体にも自然の王国という名称が与えられる。ところでこのような目的の王国は、定言命法があらゆる理性的存在者に指令する規則を含んでいる諸格律を通じて、それらの格律が普遍的に遵守されればではあるが、本当に実現することになるだろう。とはいえ、理性的存在者は、たとえ自分自身がこの格律に厳格に従ったとしても、だからといって他のすべての理性的存在者もそれに忠実であるだろうなどとは期待できないし、同様に、自然の王国とその合目的的な配置が、自分自身によって可能であるような目的の王国にふさわしい成員としての理性的存在者に一致すること、すなわち当人の幸福への見込みを後押ししてくれるだろうということも、やはり期待できない。しかしそれでも、「たんに可能である目的の王国に向けて普遍的に立法する成員がもつところの格律に従って行為せよ」という法則は、それが定言的な命令であるために、完全な効力を維持しつづける。すると、ここにはまさに逆説があることになる。それはすなわち、理性的な自然本性としての人間性の尊厳は、ただそれだけで、つまりそれによって達成されるべき他の目的も利益もなく、たんなるひとつの理念に対する尊敬ということだけで、それでもなお、おろそかにはできない意志の指令として役立つはずであるという逆説である。そしてまた、格律がそのようなあらゆる動機からまさに独立しているところにこそその格律の崇高さがあり、すべての理性的主体が目的の王国において立法する成員であることの価値があるのであって、もしそうでなければ、理性的主体は自分に必要な自然法則に従っているとしか言えなくなってしまうからだ、という逆説である。たとえ自然の王国と目的の王国とがひとりの元首の下に統一されていると考えられ、それによって目的の王国はもはやたんなる理念にとどまることなく、真の実在性を獲得していると考えられたとしても、そのようなことはかの格律にとってたしかに強力な動機を増加させるのには役立つだろうが、格律の内的価値を高めることには決して役立たないだろう。というのも、そのような事情にかかわらず、この唯一の無制限な立法者でさえも、理性的存在者の価値を判定する際にはつねに、もっぱら目的の王国の理念によって彼ら自身に指示されている、彼らの無私の行動に従ってのみ判定しているのだ、と考えられねばならないだろうからである。ものごとの本質というものは、ものごとの外的関係によっては変化しないのであって、そのような外的関係など考えるまでもなく、人間も、だれによってであろうとたとえ至高の存在者によってであろうと、ただそれのみが人間の絶対的価値を形成しているものに従って判定されるのでなければならない。そうしてみると道徳性とは、意志の自律に対する諸行為の関係、すなわち意志の格律を通じて可能な普遍的立法に対する諸行為の関係、ということになる。意志の自律と両立できる行為は許され、それに合致しない行為は許されない。その格律が自律の法則と必然的に一致している意志は、神聖で端的に善い意志である。端的に善であるとは言えない意志が自律の原理に依存していること（道徳的強制）が、拘束性なのである。したがってそのような拘束性は、神聖な存在者とは関わりをもたない。拘束性によって行為がもつことになる客観的必然性は、義務と呼ばれるのである。

直前に述べてきたことから容易に説明できるのは、われわれが義務という概念を法則の下での服従であると考えながらも、同時にその概念を通じて、自分のあらゆる義務を果たしている人格にある種の崇高さと尊厳を抱くことが、どうして生じるのかということである。そのわけは、道徳法則に従っているというかぎりでは、その人格には何ら崇高さはないが、しかしその人格が同時に、まさにその同じ法則に関して立法的であり、そして立法的であるからこそこの法則に従っているかぎりにおいて、崇高さがあるからである。さらにまた、恐怖でも傾向性でもなく、もっぱら法則への尊敬だけが行為に道徳的価値を与えられる動機となることは、前述してきた通りである。われわれ自身の意志は、自らの格律を通じて可能となる普遍的立法という条件の下でのみ行為するかぎりで、理念においてわれわれに可能な意志であり、それが尊敬の本来の対象なのである。そして人間性の尊厳は、この同じ立法に自らが同時に従っているという条件を伴ってではあれ、まさにこの普遍的に立法する能力に存するのである。

道徳性の最上位の原理としての意志の自律

意志の自律とは意志の性質、すなわち意志が意志自身にとって(意欲の対象がもつあらゆる性質から独立して)それを通じて法則となるような性質のことである。したがって自律の原理とは、意欲が選択する格律がその同じ意欲の中で同時に普遍的な法則としても把握されている、という仕方以外では選択しない、ということである。こうした実践的規則が何らかの命法であること、すなわち、すべての理性的存在者の意志が条件としてのこの規則に必然的に結びついていることは、この原理の中に現れる概念をたんに分解するだけでは証明できない。なぜなら、この原理はひとつの総合命題だからである。人は客体の認識を超えて、主体の批判、すなわち純粋実践理性の批判にまで立ち入らなければならないだろうが、それは、必当然的に命令するこうした総合命題は、完全にア・プリオリに認識され得なければならないからである。しかし、それは本章での仕事ではない。とはいえ、考察されてきた自律の原理が道徳学の唯一の原理であることは、道徳性の概念をただ分解するだけで、十分によく示されることができる。なぜならそのように分解してみれば、道徳学の原理が定言命法でなければならないことや、その命法が命じているのはまさにこの自律以上でも以下でもないことが明らかになるからである。

道徳性の真正でないあらゆる原理の源泉としての意志の他律

意志が、意志を規定すべき法則を、その意志の格律が自分自身の普遍的な立法に適合しているということ以外のところに、つまり、意志が自分自身を超え出てしまい、意志の何らかの客体の性質の内に求めてしまうと、いつでも他律が生じてくる。その場合には、意志が自分自身に法則を与えているのではなく、客体が意志との関係を通じて意志に法則を与えているのである。こうした関係では、それが傾向性に基づくものであれ、理性の諸表象に基づくものであれ、可能になるのはただ仮言命法のみとなる。それはすなわち、私が何かをなすべきなのは、それとは異なる何かを私が意志しているからなのだ、という仮言命法である。それに対して道徳的命法、したがって定言命法は次のように言う。すなわち、たとえ他の何ものをも意欲していなくても、私はそのように行為すべきである、と。たとえば仮言命法は、「自分の名誉を保ちたいと思うのであれば、私は嘘をつくべきではない」と言うが、定言命法は、「たとえ何ら自分の不名誉にならないとしても、私は嘘をつくべきではない」と言う。したがって定言命法では、あらゆる対象を抽象化して、それらの対象が意志にいかなる影響もおよぼさないようにしなければならない。そうすることによって、実践理性（意志）は、外的な関心をたんに管理するだけでなく、ただ実践理性自身が命じるもののみが最上位の立法であるという威信を示すのである。それだから、たとえば私が他人の幸福の促進に努めるべきであるとしても、あたかもその他人が現に幸福であることが私にとって重要事であるかのようにして（直接的な傾向性によるものであれ、理性を通じた間接的な何らかの適意によるものであれ）努めるべきではなく、たんに同じひとつの意欲の中に、他人の幸福を排除するような格律を普遍的法則として包含することはできないという理由だけによって、その他人の幸福の促進に努めるべきなのである。

他律を根本概念に採用することで可能になる道徳性のあらゆる諸原理の区分

人間の理性は、理性の純粋使用においてどの場合でもそうであったように、道徳性においても、理性への批判を欠いているかぎり、ありとあらゆる間違った道を試してみた後でなければ、唯一の真の道を見出すことには成功しないものである。

この他律という観点から採用されることが可能なあらゆる原理は、経験的であるか合理的であるかのいずれかである。**前者**は幸福の原理によっており、自然的感情あるいは道徳的感情を基礎として立てられている。**後者**は完全性の原理によっており、可能な結果としての完全性という理性概念、またはわれわれの意志を規定する原因としての自立した完全性の概念(神の意志)のいずれかを基礎として立てられている。

経験的な諸原理は、それによって道徳の諸法則を基礎づける土台としてはまったく役に立たない。なぜなら、(48)道徳の諸法則をあらゆる理性的存在者に対して区別なく適用させるはずの普遍性や、それによってあらゆる理性的存在者に課される無条件的な実践的必然性は、道徳の諸法則の根拠が人間本性の特殊な仕組みや、そのような本性が置かれている偶然の状況から持ち込まれてしまうと、失われてしまうからである。だが自分自身の幸福という原理は、もっとも忌避されねばならない。それはこの原理が誤りであって、善行をしたあとにはいつでも幸福がやってくるなどという口実が、経験に矛盾しているからというだけではない。人を幸福な者にすることと善い者にすることはまったく異なっており、人を怜悧で私利に抜け目のない者にすることと有徳な者にすることもまったく異なっているので、その原理は道徳性を基礎づけるのにまったく寄与しないから、というだけでもない。そうではなく、自分自身の幸福という原理は道徳性を掘り崩すどころか、道徳性のもつ崇高さを無に帰してしまうような諸動機を道徳性にあてがうことによって、それらの動機が徳への動因と悪徳への動因を同列に並べて扱い、それらに計算高くなることだけを教えて、両者の固有な相違をことごとく消去してしまうからである。それに対して、道徳的感情という、この特別な感覚だと勘違いされているもの*(ものごとを考えることのできない人は、もっぱら普遍的法則が問題となっている時でさえ、感じるということでその場をしのげると思い込んで、浅薄にもそのような感覚を引き合いに出すものだが、そうすればするほど感情の方も、もともと本性的に感情はそれぞれ

無限に程度の異なるものなので、ますます善悪の同一の尺度にはできなくなってしまう
し、また、その人が自分の感情によって他人を妥当に判断することもますますできなく
なってしまう）は、それでもともかくは、道徳性とその尊厳により近い位置を保ってい
る。それは、この感覚が徳に対する敬意を表明していて、徳への適意と尊重は直接的に
徳に帰せられるとしており、さらに、徳のいわば面前で、われわれを徳に結びつけてい 443
るのは徳の美しさではなく利益だけだ、などと放言したりしないことによるのである。

＊私が道徳的感情の原理を幸福の原理に数え入れるのは、どんな経験的関心でも、利益を意図
しないで直接になされようが、あるいは利益を顧慮してなされようが、何らかのものがとに 442
かく与えてくれる快適さを通じて、(49)幸福への寄与を約束するものだからである。同様に、他
人の幸福への共感の原理も、ハチソンとともに、彼によって想定された道徳的感覚の原理に
数え入れられなければならない。

道徳性の合理的根拠すなわち理性根拠の中では、完全性という存在論的な概念（この
概念はまったく空虚であり無規定的であるので、可能な実在性というはかり知ることの 443
できない領野において、われわれにふさわしい最大量を見出すために役立つこともない。
さらにこの概念は、そこで問題となっている実在性を他のあらゆる実在性から種的に区

別しようとして、自分が説明するはずの道徳性をひそかに前提してしまうという、循環におちいってしまう傾向を避けることができない)は、それでも、道徳性を神のもっとも完全な意志から導出する神学的な概念よりはましなものである。そのわけは、われわれは神の意志の完全性を直観することができず、そのような完全性は、道徳性を中でも最高のものとしているわれわれの諸概念からのみ導出できるものであるから、ということにとどまらない。もしわれわれがそのような導出を(行った場合には、説明における粗雑な循環が生じかねないので)行わなかったとしたら、われわれになおも残された神の意志の概念は、権力と復讐という恐ろしい表象と結びついた名誉欲と支配欲という特性に基づくものとなってしまい、道徳性とはまったく相反しかねないような道徳体系に、基礎を与えることにならざるを得ないであろうからでもある。

だがもし私が、道徳的感覚の概念と完全性一般の概念のどちらかを選ばなければならない(どちらも少なくとも道徳を損なうものではないが、基礎として道徳を支えるにはまったく役に立たない)としたら、私は後者を選ぶだろう。というのも、完全性一般の概念は、少なくとも問題の決定を感性から引き離し、純粋理性の法廷へと引き寄せているからであり、完全性一般の概念によって決定できるものはここでは何もないとはいえ、それでも(それ自体で善い意志という)未規定の理念をより詳細に規定するために、その理念を歪曲することなく保持してくれているからである。

ともあれ、私はこれらすべての教説について延々と論駁しつづけることを免除してもらってもよいと思う。それらの論駁はきわめて容易であり、これらの理論のいずれかへの支持を表明することが職務上要求される(聴衆は判決の先送りをきっと承知しないだろうから)人々自身も、そのような論駁をおそらくは理解しているので、論駁してみたところで無駄な手間にしかならないだろう。むしろ、ここでわれわれにより興味深いのは、それらの原理が道徳性の第一根拠として挙げるものはおよそ意志の他律以外の何ものでもなく、まさにそのために、必然的にそれらの原理の目的を達成できないにちがいないとわかってしまうことである。

意志を規定するための規則をその意志に対して指図するのに、意志の何らかの客体が根拠として置かれなければならない場合には、いずれの場合においてもその規則は他律でしかなくなり、命法は条件付きのものとなってしまう。すなわち、人がこの客体を意志するならば、あるいは人がこの客体を意志しているから、人はこのように行為すべきだ、となるわけで、その命法は決して道徳的に、すなわち定言的に命令することができない。客体は、自分自身の幸福の原理のように傾向性を介して、あるいは完全性の原理のようにわれわれの可能な意欲一般の諸対象に向けられた理性を介して、意志を規定することはできるかもしれないが、その場合でも意志は決して行為の表象を通じて直接に規定されるのではなく、たんに予想される行為の結果が意志にもたらしてくる動機を通じて規定されるにすぎない。私が何かをなすべきなのは、私が他の何かを意志しているからなのである。ここでは私の主観の中になお別の何らかの法則が根拠として置かれていて、私はその法則によってこの何かを必然的に意志するのでなければならないが、そのような法則にはさらにまたこの格律を制限するための命法が必要となる。なぜなら、われわれの力で可能となる客体の表象が(50)、主体の自然的性質に従って主体の意志にもたらすはずの動因は、主体の自然本性に属するものであり、それが感性(傾向性や趣味)であれ悟性や理性であれ、それぞれの自然本性の特別な仕組みに従って、ある対象に対して適意をもって働きかけるのだから、そもそもは自然が法則を与えていることになるからである。そのような法則は経験を通じて認識され証明されねばならず、その法則自体は偶然的なものであり、そのために道徳的規則がそうでなければならないような必然的で実践的な規則としては役に立たないというだけでなく、そのような法則はつねに意志の他律でしかなく、意志が自ら自分に法則を与えているのではなくて、意志の外にある何らかの衝動が、その衝動をうまく受容するような主体の自然本性を介して、法則を与えているのである。

　端的に善い意志は、その原理が定言命法でなければならないが、それゆえにいかなる客体に関しても未規定のままであって、ただ意欲一般の形式だけを、しかも自律として含むものとなるだろう。すなわちどんな善意志の格律にもある、自分自身を普遍的法則とするための適格性というものが、それ自体として唯一の法則なのであり、あらゆる理性的存在者の意志は、どのような動機や関心も根拠として置くことなしに、自ら自分にその法則を課すのである。

　このようなア・プリオリで実践的な総合命題がどのようにして可能なのか、そしてまた、なぜそのような命題が必然的なものとされるのか、これらの解決はもはや道徳の形而上学の限界内にはない課題であり、われわれはその命題の真理をここで主張してきたわけでも、ましてやわれわれの力でその真理を証明できるなどと言い立ててきたわけでもない。われわれは、ともかくも世間一般で通用している道徳性の概念の展開を通じて、道徳性の概念には意志の自律ということが不可避の仕方で付随していること、あるいはむしろ意志の自律が道徳性の概念の基礎にあることを示したにすぎない。したがって、道徳性を何ものかであると見なし、真理を欠いたキメラ[51]的な観念ではないと見なす人は、これまで述べてきた道徳性の原理をも同時に認めるようになるにちがいない[52]。本章は、そのようなわけで第一章と同様にもっぱら分析的なものであった。さて、道徳性が妄想でないと言えるのは、定言命法およびそれとともに意志の自律が真であり、ア・プリオリな原理として端的に必然的である場合ということになるが、そのためには純粋実践理性の可能な総合的使用が求められる。しかし、この理性の能力そのものに対する批判を先行させないままで総合的使用に踏みきることは許されない。最終章においては、そのような批判に関して、われわれの意図にとって十分なだけの主要点を提示しなければならない。

第三章　道徳形而上学から純粋実践理性批判への移り行き[1]

446

自由[2]の概念は意志の自律を解明するための鍵である

意志とは、生きている存在者が理性的であるかぎりでもっている一種の原因性である。そこで自由とは、この原因性が、自分を外部から規定してくる諸原因から独立して働くことができる場合に、そうした原因性[3]がもっている特性ということになるだろう。それはちょうど自然必然性が、外的な諸原因の影響によって行動が規定されている、理性をもたないすべての存在者の原因性の特性であるのと同様である。

自由に関する上述の説明は消極的なものであり、したがって自由の本質を洞察するためには実りのないものである。とはいえこの説明からは、いっそう豊かで生産的であるような自由の積極的な概念が出てくる。原因性という概念はさまざまな法則の概念を伴っており、それらの法則に従って、原因と名づけられる何ものかを通じて、それとは異なる何らかの結果が設定されねばならない。それゆえ自由は、自然の諸法則に従うような意志の性質ではないものの、だからといってまったく無法則的なものではなく、むしろ不変の諸法則に従っているような、何らか特別な種類の原因性でなければならない。なぜならそうでないとすれば、自由な意志というものはおよそ馬鹿げたものになってしまうからである。自然必然性は、さまざまな作用原因による他律であった。というのも、どんな結果も、他の何かがその作用原因を規定して原因性としている、という法則に従ってのみ可能になったからである。だとすれば、そもそも意志の自由とは、自律、すなわち意志が自分自身にとって法則であるという意志の特性以外の何であり得ようか。とはいえ、あらゆる行為において意志が自分自身にとって法則である、という命題は、自分自身を何らかの普遍的法則としても対象にできるような格律以外の、いかなる格律にも従って行為しない、という原理を示しているにすぎない。だがしかしこれはまさに定言命法の定式であり、道徳性の原理である。したがって、自由な意志と道徳の諸法則の下にある意志とは、同一のものなのである。

それだから、意志の自由が前提されていれば、その自由の概念をただ分解して行くだけで、そこから道徳性はその原理とともに帰結する。とはいっても道徳性の原理はつねに総合命題、すなわち、「端的に善い意志とは、その意志の格律が自分自身を、普遍的法則と見なされるものとして、つねに意志自身の中に含むことができるような意志である」、という総合命題である。なぜなら、端的に善い意志という概念をいくら分解しても、そのような格律の特性は見出せないからである。こうした総合命題は、二つの認識が、それら両者がともにその内に見出される第三のものと結びつくことによって、相互に結びつけられることで初めて可能になる。この第三のものを与えてくれるのが、自由の積極的概念なのであるが、それは、物理的原因の場合のように感性界の自然本性をもつものではあり得ない(感性界での自然の概念においては、原因としての何ものかの概念は、結果としての何ものかの概念と関係して、一連のものとして生じてくる)。自由が指し示し、われわれがア・プリオリにその理念をもっているこの第三のものが何であるかは、ここではまだすぐに示すことはできないし、純粋実践理性から自由の概念を演繹[4]することや、それとともに定言命法の可能性を理解することもまだできないのであって、そのためにはなおいくつかの準備が必要となる。

自由はあらゆる理性的存在者の意志の特性として前提されなければならない

もし、自由があらゆる理性的存在者にも等しく与えられているということに、われわれが十分な根拠をもっていなければ、どのような根拠によっても、われわれの意志に自由を帰するには不十分である。なぜなら、道徳性が法則として役立つのはもっぱら理性的存在者としてのわれわれに対してであることから、道徳性はあらゆる理性的存在者にも適用されなければならないし、道徳性をただ自由の特性だけから導出しなければならないことから、自由がすべての理性的存在者の意志の特性であることも証明されなければならないからである。そしてさらに、人間本性についての経験だと思い違いされているものから自由を示す（これも端的に不可能であり、自由はまったくア・プリオリにのみ示されうるのだが）だけでは不十分であって、自由はむしろ理性的で意志を与えられた存在者一般の活動に属しているものとして、証明されなければならないからである。そこで、私はこう言うことにする。自由の理念の下でしか行為できないすべての存在者

448

は、まさにそれゆえに、実践的観点からすれば現実に自由である、と。これはすなわち、そのような存在者においては、自由と不可分に結びついているすべての法則が妥当する、ということであり、それはあたかも、そのような存在者の意志が、それ自体としても理論哲学においても適切な形で、自由であると解明されているかのようだ、*ということである。さて、私が主張したのは以下のようなことになる。すなわちわれわれは、意志をもつすべての理性的存在者に対しては、彼らがその下でのみ行為する自由の理念をも必然的に付与するのでなければならない。なぜなら、われわれはそのような存在者の内に、何らかの実践的である理性、つまり自らの客体に関して原因性をもっている理性を考えるからである。ところで、自らの判断にあたって自分という意識をもちながらしかも他から操られている、などという理性を考えることはできない。なぜなら、そのような場合、主体は判断力の規定を自らの理性に委ねるのではなく、何らかの衝動に委ねてしまっていることになるだろうからである。理性であれば、自分自身を外部の影響から独立した、自らの原理の創始者と見なさねばならず、その結果、理性は実践理性あるいは理性的存在者の意志として、自分自身によって自由であると見なされなければならないことになる。つまり、理性的存在者の意志は、自由という理念の下でのみ自分の意志たりうるのであり、したがって実践的観点からすれば、すべての理性的存在者に付与されていなければならないのである。

＊こうした方途、すなわち、自由は理性的存在者が自分たちの行為に際して、たんに理念において根拠として想定されるだけで、われわれの意図にとっては十分である、という方途を私が選んだのは、自由をその理論的観点においても証明するということを、自分で自分に課さないですむようにするためである。なぜなら、理論的観点におけるその証明がなされないままであったとしても、自分自身の自由という理念の下でなければ行為できない存在者にとっては、現実に自由である存在者を拘束するだろうものと同じ諸法則が、妥当するからである。こうして、われわれは理論が押しつけてくる重荷から解放されることができるのである。

道徳性の諸理念に付帯している関心[5]について

われわれは道徳性の明確な概念をさかのぼって、最終的にはそれを自由の理念に帰した。しかし、われわれ自身の中や人間の自然本性の中において、その理念が何らか現実的なものである、ということは証明できなかった。われわれが見て取ったのは、ある存

449

在者を理性的で、行為に関する自分の原因性の意識、すなわち意志を与えられているものとして考えたいのであれば、われわれは自由の理念を前提としなければならない、ということだけである。[6] さらにわかったのは、まさに同じ根拠から、理性と意志を与えられたすべての存在者に対して、自由の理念の下で自らを行為へと規定するという、この特性を付与せねばならないということである。

ところで、このような理念を前提したことから、行為するための法則の意識も生じてきた。その意識とはすなわち、さまざまな行為の主観的原則である格律は、つねに客観的にも、すなわち普遍的に原則として妥当するように、したがってわれわれ自身の普遍的な立法に役立つことができるように、採用されなければならないというものである。とはいえしかしなぜ私がこの原理に、それも理性的存在者一般として服従すべきなのか、そしてさらには、なぜ理性を与えられた他のすべての存在者もこの原則に服従すべきだということになるのだろうか。私は、どのような関心も自分をそうするように駆り立てはしない、ということを認めたい。なぜなら、関心はどんな定言命法も与えはしないだろうからである。しかしそれにもかかわらず私は必然的に、そうしたことに関心をもたざるを得ず、またどのようにしてそうなるのかを洞察せざるを得なくなる。というのも、この「べし」ということは、本来は意欲することなのであって、理性的存在者が備えている理性が、何ら障害をもたずに実践的であるという条件の下にあるとするなら、すべての理性的存在者に妥当するものだからである。もっとも、われわれのように、別の動機としての感性によっても触発されてしまい、理性だけであれば行われるであろうことがつねになされるとはかぎらない存在者にとっては、行為のそうした必然性はたんなる「べし」にすぎないので、主観的な必然性は客観的な必然性からは区別されることになるのであるが。

こうしてみると、どうやらわれわれは自由の理念ということについては、そもそも道徳法則すなわち意志自身の自律の原理をただ前提しただけであって、その実在性や客観的必然性をそれ自体として証明することはできなかったように思われる。たしかにわれわれはそこで、真正な原理を少なくとも他でなされてきたよりもおそらくは厳密に規定したことで、依然として相当に重要な何らかのものを得てはいるのだが、その原理の妥当性やその原理に従うことの実践的必然性については、何ら前進しなかったのかもしれない。というのも、われわれの格律の普遍的妥当性が、ひとつの法則としてわれわれの行為を制限する条件とならねばならないのはなぜなのか、またそのような仕方で行為することに対してわれわれが付与する価値、それより高次の関心はどこにもあり得ないと思われるほど大きな価値を、われわれは何に基づかせているのか、そしてまた、人間はそのような行為によってのみ自分の人格的価値を感じると信じ、それに比べれば、快や不快の状態がもつ価値などは無に等しいと見なしていると信じているが、そのようなことはどのようにして生じるのか、などと自問してみても、われわれは何ら満足な答えを与えることができないだろうからである。

なるほどわれわれは、状態への関心というものをまるでもち合わせていないような人格的性質に対して、ある種の関心をもちうることをよく知っている。それは、理性が状態への関心の分配を裁量するはずの場合に、その人格的性質によって状態への関心がもたらされることがたんに可能とされているのみの場合である。これはすなわち、幸福であるのに値するということは、その幸福の分配にあずかるようになる動因がないとしても、そのこと自体だけで関心を引くことがありうる、ということである。とはいえこのような判断は実際のところ、すでに道徳の諸法則の重要性が前提されていること（われわれが自由の理念を通じてあらゆる経験的関心から離れている場合）からの結果でしかない。しかしながら、われわれがそのような経験的関心から離れるべきであること、すなわち、行為において自分を自由だと考えるべきであること、さらにはしかし、依然として自分が何らかの法則に従っていると見なすべきであること、そうしたことによって、われわれの状態に価値をもたらすものがすべて喪失したとしても、ただわれわれの人格の中にのみ、その喪失を補償できるような何らかの価値が見出されるのだということ、これらのことがどのようにして可能なのか、したがって道徳法則はどこから拘束してくるのかについては、上述の仕方ではまだ洞察できないままなのである。

　率直に告白せざるを得ないのだが、ここには一種の循環が現れており、そこから抜け出すことはできないように見える。われわれは、諸目的の秩序の中で道徳の諸法則の下にあると考えるためには、自分たちがさまざまな作用原因の秩序の中で自由なのだと想定し、その後になってわれわれは、自分たちに意志の自由を付与していることから、自分たちがそうした道徳の諸法則に従っていると考えるのである。このようになってしまうのは、意志の自由と意志の自己立法はどちらも自律であり、したがって交換概念[7]だからであって、まさにそのせいで、一方が他方を説明したり根拠を与えたりするためには使えず、せいぜいのところ、まったく同じ対象についての、論理的な観点では異なるように見える諸表象を、唯一の概念にもたらすこと（同じ値をもつさまざまな異なった分数をもっとも簡素な表現に〔約分〕するようにしか使えないからである。

けれどもわれわれにはまだひとつの手立てが残っている、それはすなわち、われわれが自由ということを通じて、自分たちをア・プリオリに作用する原因だと考える場合には、目の前に見える結果としての諸行為に従って自分たち自身を表象する場合とは、異なった立場を採っているのではないか、と推測してみることである。

以下のような見解をもつことは、精緻な思索などまったく必要とせず、おそらくはごく普通の悟性でも自分なりの仕方で、感情と呼ばれている、判断力による曖昧な区別を通じてなしうるのではないか、と想定できる。すなわちそれは、われわれの選択意志によることなくわれわれにもたらされている表象（感官の表象のような）はすべて、諸対象を、われわれを触発しているものとしてしか認識させてくれず、その際、対象自体がどんなものだろうかということはわれわれには分からないままであり、したがって、この種の表象については、悟性がどれほど厳密な注意を払って判明性をつけ加えてみようとも、それによって到達できるのはせいぜい諸現象についての認識だけであって、物自体についての認識には決して到達できない、ということである。こうした区別（それはただ、他のどこかからわれわれに与えられ、そこではわれわれが受動的であるような諸表象と、われわれがもっぱら自分自身からのみ生み出し、われわれが自分たちの活動性をそこで証明しているような諸表象との間で認められる相違による)がひとたび立てられると、ただちに諸現象の背後に現象ではない別の何ものか、つまり物自体が認められ、想定されねばならないということが自ずと帰結してくる。それはたとえわれわれが、そのような物自体はわれわれには決して知られ得ないものであり、それがわれわれをどう触発してくるかを知るのがせいぜいのところなので、われわれは物自体にそれ以上近づくことはできず、物自体が何であるかを知ることは決してできないのだと自分では謙虚に構えていても、それでも自ずと帰結してくるものなのである。このことは感性界と悟性界との間に、おおざっぱなものではあるが何らかの区別をもたらさずにはおかず、感性界は、さまざまな世界観察者がもつ感性のちがいに応じてきわめて異なることがあるが、他方でその根拠となっている悟性界の方はつねに同一のままなのである。人間は自分自身についてさえ、しかも人間が内的感覚によってもつ自分自身についての知識にいくら頼ってみても、自分がそれ自体としてどのようなものであるかを認識している、などと思い上がることは許されていない。というのも、人間はしょせん自分自身を創造しているわけではないし、自分の概念をア・プリオリにではなく経験的に手に入れているのだから、人間が自分についての情報を入手できるのも、内官を通じて、ひいては自分の自然本性の現象や自分の意識が触発される仕方を通じてでしかないのは、当然のことだからである。とはいうものの、その一方で人間は必然的な仕方で、たんなる諸現象から合成されている自分自身の主観がもつこのような性質を超えて、その根底に存する何かさらなる別のもの、すなわち自らの自我というものを、自我がそれ自体ではどのような性質のものかは別にしても、とにかく想定せずにはいられず、したがって、たんなる知覚や感覚の受容に関しては自分を感性界に、自分の中での純粋な活動性であるかもしれないもの（感官の触発を通じて意識されるのではまったくなく、直接的に意識されるもの）に関しては自分を知性界に、数え入れなければならなくなる。[8] もっとも人間は知性界についてそれ以上に知ることはないのであるが。

　思慮深い人間であれば、自分に現れてくるであろうあらゆる事物について、このような結論にいたるはずである。おそらくまた、ごく普通の悟性においても同様の結論が見られるだろう。周知のように、そのような悟性は、感官の諸対象の背後にまだ何か見えないもの、それ自身で活動しているものを期待する傾向が非常に強い。しかし、そのような悟性は、この見えないものをすぐにまた感性化しようとする、すなわちそれを直観の対象にしようとすることで、見えないものをまたしても台無しにしてしまう。そのようなことをしているために、この普通の悟性は少しも賢くならないのである。

さて、人間は実際に自分の中に、自らを他のあらゆる事物から、さらには諸対象を通じて触発されるかぎりにおける自分自身から区別する能力を見出すのだが、この能力が理性である。この純粋な自己活動性としての理性は、さらに次の点で悟性をもしのぐ高い地位にある。すなわち、悟性もまた自己活動性であって、感官のように人が事物から触発されたときに（したがって受動的に）のみ生じる諸表象だけを含むものではないのだが、それでも悟性が自分の活動性から生み出せる概念は、たんに感性的な諸表象を諸規則の下にもたらすことを通じて、それらの表象をひとつの意識のうちに統合するために役立つ概念でしかなく、そのような感性の使用を欠いてしまえば悟性はまったく何も思惟することができないだろう。それに対して理性は、諸理念という名の下できわめて純粋な自発性を示し、その自発性を通じて、感性が理性に提供できるだけのあらゆるものをはるかに超え出るのであり、また感性界と悟性界を相互に区別し、そのような区別を通じて悟性自身にその限界を前もって示しておくことこそが、理性のもっとも重要な仕事であることを証明するのである。

こうしたわけで、理性的存在者は自分自身を叡知性として（したがって自分の下級能力の側からでなく）、感性界に属するのではなく、悟性界に属するものと見なさざるを得ない。その結果として理性的存在者は二つの立場をもつことになり、それらの立場から自分自身を観察し、自分のもつ能力を使用する法則、ひいては自分のあらゆる行為の法則を認識することができる。すなわち第一には、さまざまな自然法則の下にあって（他律）、感性界に属するかぎりのものとして、第二には、自然から独立しており、経験的ではなく理性にのみ根拠をもつさまざまな法則の下にあって、叡知界に属するものとして、認識できるのである。

理性的で、叡知界に属している存在者としては、人間は自分自身の意志の原因性を、自由の理念の下でしか考えることができない。なぜなら、規定してくる[9]感性界の諸原因に依存していないこと（このことを理性はつねに自分自身に付与せねばならない）が、自由ということだからである。ところで、その自由の概念には自律の概念が不可分に結びついており、自律の概念にはさらに道徳性の普遍的原理が結びついていて、その普遍的原理は、自然法則があらゆる現象の根拠になっているのと同じように、理念においては理性的存在者のあらゆる行為の根拠になっているのである。

今や、先にわれわれが掲げた疑惑、すなわち自由から自律へ、そして自律から道徳法則へと進んでゆくわれわれの推論の中に、何らかの隠れた循環が含まれているのではないかという疑惑は解消された[10]。その疑惑とはすなわち、ひょっとするとわれわれは、自由の理念をただ道徳法則のためにその根拠に置いたのだが、あとになると道徳法則を自由からあらためて推論していたのではないか、したがって道徳法則にはまったく何の根拠も与えることができず、たんに原理であることを請願しているにすぎないのではないか、好意的な人たちなら喜んでそれをわれわれに原理として認めてくれるだろうが、われわれはその原理を決して証明可能な命題としては定立できなかったのではないか、という疑惑である。疑惑が解消されたというのは、今やわれわれは、自分たちが自由であると考えているときには、自分たちを悟性界の成員へと置き入れて、意志の自律をその結果である道徳性とともに認識しているが、自分たちが義務を負っているものであると考えているときには、自らを感性界と同時に悟性界にも属していると考えているのだ、ということが分かったからである。

定言命法はどのようにして可能なのか？

理性的存在者は、自分を叡知性としては悟性界に数え入れて、もっぱらこの悟性界に属する作用原因としての自分の原因性を意志と名づける。他方で、理性的存在者は、自分自身を感性界の一部分であるとも意識している。その感性界においては、理性的存在者のさまざまな行為は、そうした原因性のたんなる現象としてしか見られず、その原因性の可能性について、われわれが知らないその原因性から洞察することはできない。むしろその代わりに、理性的存在者のさまざまな行為は他の諸現象、すなわち欲求や傾向性を通じて規定されたものとして、感性界に属していると洞察されざるを得ない。したがって、もっぱら悟性界の成員としては、私のあらゆる行為は純粋意志の自律の原理に完全に適合していることになるだろうが、もっぱら感性界の一部分としては、私のあらゆる行為は欲望や傾向性の自然法則、したがって自然の他律に完全に適合していると見られねばならないだろう。（前者の行為は道徳性を最上位の原理としてなされ、後者の行為は幸福を最上位の原理としてなされるだろう。）しかしながら、悟性界は感性界の根拠、したがってまた感性界の諸法則の根拠をも含んでいるので、それゆえ私の（まったく悟性界に属する）意志に関しては直接的に立法するということから、そしてまた悟性界はそのようなものだと考えねばならないことから、私は自分を叡知性としては、たとえ他方で感性界に属しているような存在者ではあっても、それでも自分を悟性界の法則に従うもの、すなわち自由の理念の中に悟性界の法則を含んでいるような理性に従うもの、つまりは意志の自律に従うものだと認識せざるを得ないだろうし、その結果として、悟性界の諸法則が自分にとっての命法であり、この原理にかなった諸行為が義務であると見なさざるを得ないだろう。

そうすると定言命法は次のようにして可能となる。すなわち、自由の理念が私を叡知界の一成員となし、それによって私がもっぱら叡知界の成員になっているだけなら、私のあらゆる行為はつねに意志の自律に適合しているものとなるだろうが、しかし私は同時に自分を感性界の成員でもあると直観しているので、その行為は意志の自律に適合するべきものとなる。この定言的な「べし」は、ア・プリオリな総合命題を表しているが、それは、感性的な欲求を通じて触発されている私の意志に、同じ意志ではあるが、悟性界に属していて純粋でそれ自体として実践的な意志という理念が付加され、その実践的な意志が、触発されている私の意志の、理性に即した最上位の条件を含んでいる、ということによる。この事情は、感性界の諸直観に、それ自体では法則的形式一般のみを意味している悟性の概念が付加されていて、そのことを通じて、自然のあらゆる認識の基礎となるア・プリオリな総合命題を可能にしていることと、ほぼ同じことである。

普通の人間理性の実践的使用は、この演繹の正当性を証明してくれる。たとえどんな極悪人であっても、その人物がふだん理性を使うことに慣れてさえいれば、意図への実直さ、善い格律の毅然とした遵守、同情や普遍的な博愛(しかも、それには利益や安楽を大きく犠牲にすることが結びついている)などの例を示されれば、自分もまたそのような心根をもちたいと願わずにはいられない。それでもその人物が自分の中でそのようなことをうまく実現できないのは、たんにその人物の傾向性や衝動のせいなのであり、そうした際でもその人物は同時に、自分自身をわずらわせるそのような傾向性から自由になることを望んでいる。そこで、こうしたことによってその人物は、感性のさまざまな衝動から自由である意志をもっており、思考の中では、感性の領野における自らの欲求の秩序とはまったく異なったものごとの秩序に自分を移し入れていることを、証明しているのである。なぜなら、傾向性から自由になるという望みから期待できるのは欲求の満足ではなく、したがって自分の現実における傾向性、ないしは思いつくかぎりでの傾向性を満足させる状態でもない（なぜならそのような状態になれば、当人にそのような望みを抱かせた理念自体が、その卓越性を失うことになるだろうから）のであり、期待できるのはただ自分の人格がもつ、より大きな内的価値だけでしかないからである。とはいえその人物が、自分をこのようにより善い人格であると信じるのは、自分を悟性界の一成員の立場へと置き入れたときのことであり、その人物を否応なしに強いて置き入れさせようとするのは、自由の理念、すなわち感性界で規定してくる諸原因からの独立という理念なのである。そして悟性界の一成員という立場において、その人物は善い意志というものを意識することになるのだが、その善い意志は、本人自身が認めるところによって、感性界の成員である自分の、悪い意志に対しての法則となっており、本人はその善い法則に背きながらも、その威信は認めているのである。このように、道徳的な「べし」とは、叡知界の成員である本人にとって必然的な意欲なのであって、自分を同時に感性界の一成員として見ているかぎりにおいてのみ、本人にとっては「べし」と考えられるものなのである。

あらゆる実践哲学の究極の限界について

人間はみな、自分は意志に関しては自由であると考えている。さまざまな行為について、それらが為されなかったにもかかわらず、為されるべきだったと判断されるのは、すべてこのことに由来する。とはいっても、この自由は経験概念ではなく、また経験概念にはなり得ない。なぜなら、自由を前提すれば必然的と表象されるさまざまな要求とは逆のことを経験が示したとしても、それでもその意志[11]はずっと残りつづけるからである。その一方で、生起するあらゆるものごとが自然法則に従ってことごとく決定されているということも、同様に必然的なのであり、自然必然性[12]は必然性の概念、すなわちア・プリオリな認識の概念を伴っているというまさにそのことからして、この自然必然性もまたまったく経験概念ではない。とはいえ自然についてのこの必然性という概念は、経験によって確証されるものであって、経験、すなわち感官の諸対象が普遍的諸法則に従って連関しているという認識が可能であるはずの場合には、それ自体が不可避的に前提されねばならないような概念である。それだから、自由が理性の理念にすぎず、その理念の客観的実在性そのものは疑わしいものである一方で、自然はひとつの悟性概念なのであって、その概念の実在性は経験のさまざまな実例によって証明され、また必然的に証明されねばならないものなのである。

するとこのことから理性のひとつの弁証論が生じてくる、なぜなら、意志に関しては、意志に付与された自由が自然必然性と矛盾しているように思われるからであり、さらにこの分かれ道において、理性は、思弁的観点においては自由の道よりも自然必然性の道の方がはるかにならされていて使いやすい、と思うからである。しかしたとえそうだとしても実践的観点においては、自由の小道はわれわれの振る舞いに際して自分の理性を使うことができる唯一の道である。それだから、理屈をこねて自由を否定することは、もっとも精緻な哲学にとっても、もっとも普通の人間理性にとってと同様に不可能なことなのである。したがってそのような人間理性は、同じ人間の行為について、自由と自然必然性との間には何ら真の矛盾などないということを、どうしても前提としなければならない。なぜなら、人間理性は自然の概念も自由の概念も、いずれも同様に放棄できないからである。

とはいえここにある見かけ上の矛盾は、たとえ自由がどのように可能であるかがどうしても把握できないとしても、少なくとも納得のいく仕方で除去されねばならない。なぜなら、もし自由という考えがそれ自身に矛盾したり、あるいはそれと同じく必然的なものである自然に矛盾したりするなら、自由は、自然必然性に反するものとしてまったく放棄されざるを得ないものとなってしまうからである。

だがしかし、自分は自由だと思っている主体が、自分は自由だと言いながら、その同じ行為に関して自分は自然法則に従っていると想定するのと同様の意味で、あるいはまったく同様の関係で、自分自身について考えているとしたら、この矛盾をまぬがれるのは不可能である。それゆえ思弁哲学にとっては、少なくとも以下のことを示すことが必須の課題となる。それはすなわち、上のように考えてしまうことからこの矛盾に関する思弁哲学の思いちがいが生じるということ、われわれが人間を自由と呼ぶ場合と自然法則に従う自然の一部と見なす場合とでは、人間を異なる意味と関係において考えているということ、そしてさらに、この両者はまったく問題なく共存できるばかりか、同じ主体の中で必然的に一体化していると考えねばならないということである。なぜなら、必然的に一体化していないのならば、なぜわれわれは自由というひとつの理念のことで理性を悩まさなければならないのか、すなわち自由の理念は、十分に確証されたもうひとつの自然の理念と矛盾なく一体化できるにもかかわらず、その理論的使用において、なぜ理性を窮地に追い込むような仕事にわれわれを巻き込んでしまうのか、その根拠を示すことができないからである。だがしかし、このような義務は思弁哲学のみに課せられるものであって、それによって思弁哲学は実践哲学に自由の道をひらくことになる。したがって、この見かけ上の抗争を解決しようとするのか、それともそのままで放置しておきたいのかは、哲学者の裁量に委ねられることではない。なぜなら放置された場合、この抗争に関する理論は相続人不在の財産となり、運命論者がそれなりの根拠をもってそれを占有してしまい、さらには〔道徳学が〕それを権限なしに占有しているのではないかと思い込んで、あらゆる道徳学をその所有地から追い出すことが可能になってしまうからである。

とはいえ、ここではまだ実践哲学の限界が始まっているとは言えない。なぜなら、先のような論争の調停は実践哲学に属することがらではまったくなく、実践哲学はただ思弁理性に対して、理論的な問題について思弁理性が自分で自分を巻き込んでいる不一致を終結させ、それによって、実践理性の定住しようとしている土地に争いを引き起こしかねない外部からの攻撃に対して、実践理性が平穏と安全を確保できるようにすること、を要求しているだけだからである。

しかし、普通の人間理性ですら意志の自由についての権利を要求するが、その権利要求は、もっぱら感覚に属するもの、つまり感性という一般名称に属するものを全体として構成しているような、たんに主観的に規定するさまざまな原因から理性が独立しているのだという意識と、そのような独立を当然のこととする前提とに基づいている。このような仕方で自らを叡知性だと考える人間は、そのことを通じて、自分が意志を付与されている叡知性、ひいては原因性を付与されている叡知性なのだと考える場合には、自らを感性界における一現象（現実にそうでもあるのだが）として知覚して、その原因性を外部の規定に即して自然法則に従わせる場合とは異なったものごとの秩序、まったく別種の規定根拠との関係の中へと身を置くことになる。そのとき人はすぐに、その両者が同時に成立できる、いやそれどころか、同時に成立せねばならないことに気づく。というのも、（感性界に属する）現象におけるものごとが何らかの諸法則に従っていながら、まさにそれと同じものごとが、物それ自体ないしは存在者それ自体としては、そのような諸法則から独立しているということには、何ら矛盾は含まれておらず、他方で、この二重の方法で自分自身を表象し考えねばならないということは、前者に関しては、感官を通じて触発される対象として自分自身を意識することに基づいており、後者に関しては、叡知性として、すなわち理性使用においてさまざまな感性的印象から独立している（したがって悟性界に属する）ものとして、自分自身を意識することに基づいているからである。

このことから人間は、自分の欲求や傾向性のみに属するものを何ひとつ考量に入れさせない意志が、自分にあると見なすようになり、他方で、あらゆる欲求や感性的刺激を無視することでのみ行いうるような諸行為が自分に可能であり、それどころか必然的であるとすら考えるようになる。それらの行為の原因性は叡知性としての人間の内にあり、また叡知界の諸原理に従ったさまざまな結果と行為の諸法則の内にあるのだが、人間は、その叡知界では理性だけが、しかも感性から独立した純粋な理性だけが法則を与えている、ということ以外は叡知界について何も知らない。また同様に、叡知界における人間は叡知性としてのみ本来の自己である（それに反して、人間としては本人自身の現象にすぎない）ために、それらの法則は人間に直接的かつ定言的に関係し、その結果として、傾向性や衝動（したがって感性界の全自然本性）が何をめざして刺激してこようが、叡知性としての人間がもつ意欲の諸法則をそれらが損なうことはあり得ないし、ましてや傾向性や衝動に対して責任を負う必要はなく、それらの傾向性や衝動を本人の本来の自己、つまり本人の意志に帰する必要もない、ということ以外には何も知らないのである。とはいえそれら〔の傾向性や衝動〕が本人の格律に影響して、意志の理性法則を損なうことを容認してしまった場合には、それらに対する自分の寛容さに対しては本人が責任を負うことにはなるのだが。

実践理性は、自分を悟性界へと移し入れて考えることでは、自らの限界を何ら踏み越えたりはしないが、自らを悟性界に入っていると直観したり、入っていると感覚したりしようとすれば、自らの限界を踏み越えることになるだろう。自分を悟性界へと移し入れて考えるということは、意志を規定するにあたって理性に何ら法則を与えない感性界にとっては、たんにひとつの消極的な思想にすぎないのであって、積極的であるのはただ一点においてでしかない。それはすなわち、先の消極的な規定としての自由は同時に、ある〔積極的な〕能力に、しかもわれわれが意志と呼ぶ理性の原因性に結びついており、それによって、さまざまな行為の原理が何らかの理性原因の本質的性質に適合しているように、すなわち格律が何らかの法則として普遍妥当性をもつという条件に適合しているように、行為がなされるという点である。だがもし実践理性が、それに加えて何らかの意志の客体すなわち何らかの動因を悟性界から取ってきたりしていれば、実践理性は自らの限界を踏み越えてしまい、自分では何も知らないものを知っていると思い上がっていることになるだろう。つまり悟性界という概念は、理性が自分自身を実践的であると考えるために、諸現象の外部に取らざるを得ないと見なされるひとつの立場でしかないのである。感性界のさまざまな影響が人間にとって決定的であるならば、そのように考えることは不可能であるが、しかしそれでも人間が自分自身を叡知性として、ひいては理性的であり理性を通じて活動する、つまり自由に作用する原因として意識することが否定されるべきでないかぎりでは、そのように考えることはやはり必然的となる。このような思想はもちろん、感性界にあてはまる自然のメカニズムがもつ秩序や立法とは異なった、何らかの秩序と立法の理念を導入するものであり、何らかの叡知界(すなわち、物それ自体としての理性的存在者の全体)の概念を必然的なものとすることにはなるのだが、しかしここでは、たんに叡知界の形式的条件、すなわち意志の格律が法則としてもつ普遍性に適合して、したがって意志の自由と唯一両立可能であるような意志の自律に適合して考える、という以上に大それたことなどはいささかも考えられていない。それに対して、何らかの客体に向けて規定されているあらゆる法則がもたらすのは他律であって、それは自然の諸法則においてのみ見出され、また感性界にのみ当てはまることができるのである。

しかしながら理性が無謀にも、純粋理性はどのようにして実践的でありうるか、をあえて解明しようなどとすれば、理性は自分のあらゆる限界を踏み越えてしまうことになるだろう。それは、自由はどのようにして可能なのか、を解明するという課題とまったく同じことになるだろう。

なぜならわれわれが解明できるのは、諸法則に、すなわち何らかのある可能な経験において、その対象が与えられうる諸法則に帰することができるものだけだからである。しかし自由はたんなる理念であり、その客観的実在性はいかなる仕方でも自然法則に従っては、またそれゆえどんな可能な経験においても示されることができず、自由の理念そのものについての実例が何らかの類比によって示されうることも決してあり得ないので、したがって自由の理念は決して把握されず、洞察されることすらできない。自由という理念はただ、ある意志、すなわち、たんなる欲求能力とはもはや異なる能力(つまりは、叡知性として、したがって自然の本能から独立して、理性の諸法則に従って行為するように自らを規定する能力)を意識していると信じる存在者において、理性がもつ必然的な前提としてのみ妥当する。だがもし、さまざまな自然法則に従った規定が行われなくなれば、あらゆる解明もまた行われなくなり、残るのはただ弁明だけ、すなわち、ものごとの本質をより深く洞見したと言い立てて、そこから厚顔にも自由は不可能だと解明してみせるような人々の異論を追い払うことだけになる。そのような人々に示すことができるのは次の点にすぎない。すなわち、彼らが自由という理念の中に発見したと思いこんでいる矛盾は、人間の諸行為に関して自然法則を適合させようとすれば、彼らは人間を必然的に現象と見なさざるを得ないのだが、他方で彼らが、人間を叡知性ないし物それ自体として考えるべきだと要求されても、あいかわらず彼らは人間を現象としか見なさない、という点にのみある。その場合もちろん、人間の原因性（すなわち人間の意志）を、同一の主体において感性界のあらゆる自然法則から分離すれば、矛盾におちいることになるだろう。しかしこの矛盾は、諸現象の背後にはなおも事象それ自体が（たとえ隠れていようとも）その根底に存在するにちがいなく、この事象それ自体の作用法則については、その事象の現象が従っている作用法則と同じはずだなどとは期待できないということに、彼らが気づき、そのことを正当にも承認しようとすれば、解消するものなのである。

　意志の自由を解明することが主観的に不可能なのは、人間が道徳の諸法則に対してもちうる関心*を発見し把握することが不可能なのと同じである。しかしそれでも、人間は現実に道徳の諸法則に関心を抱いているのであり、われわれは自分たちの内にあるその関心の基礎を道徳的感情と呼び、一部の人々には、それがわれわれの道徳的判定の尺度だと誤解されたりしてきた。それが誤っているのは、道徳的感情とはむしろ、法則が意志におよぼす作用の主観的な結果と見なされねばならないものであり、意志に客観的な諸根拠を提供するのは理性のみだからである。

460

＊関心(13)とは、それを通じて理性が実践的になる、すなわち意志を規定する原因になるところのものである。このため、何かに関心をもつと言われるのは理性的存在者についてだけであり、理性をもたない生物は感性的な衝動しか感じない。理性が行為に対して直接に関心をもつのは、その行為の格律の普遍妥当性が意志の十分な規定根拠である場合のみである。そのような関心のみが純粋なものである。だが、もし理性が欲求の別の客体を介してしか、あるいは主体がもつ何らかの特別な感情を前提してしか、意志を規定できない場合には、理性は行為にただ間接的な関心をもつだけであり、理性が自分自身だけで、経験を抜きにして、意志の諸客体やその意志の基礎にある特別な感情を見出すことはできないので、後者の間接的な関心はただ経験的なものでしかなく、純粋な理性関心とは言えないだろう。理性の論理的な関心

460

（理性の洞察を深めていくための）は決して直接的なものではなく、むしろ理性使用におけるさまざまな意図を前提しているのである。

感性的に触発される理性的存在者に対して理性が自分だけで「べし」と指令したことを意欲するためには、たしかに、その義務を履行するにあたっての快の感情や適意の感情を注ぎ入れる理性の能力が必要であり、したがって理性の原因性をもって、感性を理性の原理にかなうように規定することが必要である。だがしかし、それ自身何ら感性的なものを自分の中に含んでいないようなたんなる思想が、どのようにして快や不快の感覚をもたらすのかを洞察すること、すなわちア・プリオリに把握することは、まったく不可能である。なぜならそれは特別な種類の原因性であって、すべての原因性について と同じく、われわれはまったく何もア・プリオリには規定できず、したがってただ経験にのみ求めざるを得ないからである。ところが経験は、原因と結果との関係を経験の二つの対象の間でしか示せないのに、ここでは純粋な理性が、たんなる理念（これは経験の対象を何ら与えてくれない）を通じて、もちろん経験の内にある何らかの結果にとっての原因となるはずだとされている。それだから、法則としての格律の普遍性、したがって道徳性が、どのようにして、なぜわれわれの関心を引くのかについて解明することは、われわれ人間にはまったく不可能なのである。確実なのは次のことだけである。すなわち、法則が関心を引くからその法則がわれわれにとって妥当性をもつのではなく（なぜならそれは他律であり、実践理性の感性への依存、すなわち根底にある何らかの感情への依存であって、そうなれば実践理性は決して道徳的に立法的にはなり得ない）、法則が人間としてのわれわれに妥当するからその法則が関心を引くのだ、ということである。そのように関心を引くのは、法則が叡知性としてのわれわれの意志から、したがってわれわれの本来の自己から生じているからなので、つまりは、たんなる現象に属するものが、理性によって必然的に、事象それ自体がもつ性質に服従させられているのである。

そうしてみると、定言命法はどのようにして可能なのかという問いに対しては、定言命法がその下でのみ可能となる唯一の前提、すなわち自由の理念を挙げることができるというところまでは、また同様にその前提の必然性が洞察できるというところまでは、たしかに答えることができるのであり、理性の実践的使用のためには、すなわちこうした命法の妥当性、したがって道徳法則の妥当性を確信するためにはこれで十分なのだが、しかしそのような前提自体がどのようにして可能なのかということは、人間の理性を通じてはついに洞察できないのである。とはいえ、叡知性がもつ意志の自由という前提の下であれば、意志の自律ということは、意志がただそれのみによって規定されうる形式的条件として必然的に帰結してくる。そしてまた、このような意志の自由を前提することは、(感性界の諸現象を結合する際の自然必然性の原理に矛盾することなしに)まったくもって(思弁哲学が示しうるように)可能であるというだけにとどまらず、その意志の自由を実践的に、すなわち理念において、自らの選択意志的なあらゆる行為の条件としてすえることは、理性を通じた自分の原因性を意識し、したがって(欲求とは異なる)何らかの意志を意識している理性的存在者であれば、それ以上の条件なしに必然的でもある。だがそうではあっても、純粋な理性が、ふだんならどこかから取って来られるだろう他のさまざまな動機をもつことなしに、それ自身だけでどのようにして実践的であるのか、すなわちどのようにして理性のあらゆる格律が法則としてもつ普遍妥当性というたんなる原理(これはもちろん純粋実践理性の形式であろう)が、人があらかじめ何らかの関心をもちうるところの意志のどんな実質(対象)ももたないままで、それ自身だけで何らかの動機を与え、純粋に道徳的と言われるような関心を引き起こすことができるのか、言いかえるなら、純粋理性はどのようにして実践的でありうるのか、こうしたことを解明するのは、あらゆる人間理性にはまったく不可能なことであって、これについて解明しようとするあらゆる労苦は徒労に終わるのである。

これはまさに、自由そのものは意志の原因性としてどのようにして可能であるか、ということの根拠を私が求めようとするのと、まったく同じことである。というのも、私はそこで哲学的な解明根拠を放棄しており、しかもそれ以外に何の解明根拠ももたないからである。その際たしかに私は、自分にまだ残されている叡知界を、叡知性の世界をめぐって歩き回ることはできる。しかし、たとえ私が叡知界についてしかるべき根拠となる理念をもっていたとしても、それでも私は叡知界については何の知識ももっておらず、私の自然本性的な理性能力でいくら努力しても、叡知界の知識に到達することは決してできない。叡知界とは、私の意志のさまざまな規定根拠から感性界に属するものをすべて排除したときに残る、何ものかを意味するにすぎない。そのようなものを排除するのはもっぱら、感性の領野に由来するさまざまな動因の原理を制限するためであり、この制限は感性の領野を限定して、すべてがその領野の内にまるごと含まれているわけではなく、その領野の外にもなおそれ以上の何かがあることを示すことによって行われるのだが、とはいえこの、それ以上の何かについては、私はもはや何も知らないのであ

462

る。このような理想を考える純粋理性から、すべての実質を、すなわち客体の認識を分離させたあとに私に残っているのは、形式だけなのであり、それはつまり格律の普遍妥当性という実践的法則と、その法則に適合させて、理性を、純粋な悟性界への関わりの中で可能な作用原因として、すなわち意志を規定する原因として考えるということだけなのである。そこには動機というものがまったく欠けていなければならない。というよりむしろ、この叡知界という理念自体が動機でなければならず、理性がそれに対して根源的に何らかの関心をもつものでなければならないだろう。しかしこれを把握できるようにすることは、まさにわれわれには解決できない課題なのである。

ここにこそあらゆる道徳的探究にとっての最上位の限界があるのだが、しかしこの限界を規定することは、次の点ですでにきわめて重要なのである。それは、こうした規定によって、一方では理性が最上位の動因や、把握はできるが経験的であるような関心を求めて、感性界の中を、道徳を損なうような方法で探しまわることがないようにするためであり、他方では理性が叡知界という名の下に、理性にとっては空虚な超越的諸概念の空間の中で力なく翼をはばたかせ、その場から前進していないのに妄想の中でわれを忘れることがないようにするためである。ちなみに、われわれ自身が理性的存在者として（他方では同時に感性界の成員でもあるのだが）属している、すべての叡知性の全体としての純粋な悟性界という理念は、たとえあらゆる知識がこの理念の限界において終わりを迎えてしまっても、それでも理性的信仰のためにはつねに有用で許容される理念でありつづける。それは、われわれが自由の格律に、まるでそれが自然の諸法則であるかのように従いながら慎重に行為する場合にのみ、成員として属することができる目的それ自体（理性的存在者）の普遍的王国という輝かしい理想を通じて、われわれの内に道徳法則への生き生きとした関心を呼び起こさせるためなのである。

結　語

自然に関する理性の思弁的使用は、世界の何らかの最上位の原因がもつ絶対的必然性へと導いていく。自由をめざす理性の実践的使用もやはり絶対的必然性へと導いて行くのだが、それはただ、理性的存在者がまさに理性的存在者として行う、諸行為の法則の絶対的必然性へと導いていくのである。さて、理性認識をその認識が必然的だという意識にまで駆りたてていくことは、われわれの理性のあらゆる使用におけるひとつの本質的な原理である(なぜなら、この必然性がなければ理性認識とは言えないからである)。しかしまた、その同じ理性には同様に本質的な制限もある。それは、現存しているもの、生起するもの、生起すべきであるものの必然性を理性が洞察できるのは、それが現存し、生起し、生起すべきであるための条件が、根拠として置かれているかぎりにおいてである、という制限である。[14] しかし、このようにして、ずっと条件を問い求めつづけるのでは、理性の満足はますます先延ばしにされるにすぎない。そのために、理性は休むことなく無条件に必然的なものを求め、それを自分で把握するための何らの手段ももたないままに、そのようなものを想定するように強いられているのだ、と考えるようになる。理性がこうした前提に見合った概念を見つけることさえできれば、それはそれでもう十分に幸いなことではあるのだが。したがって、何らかの無条件的な実践的法則(定言命法はそういうものでなければならない)を、その絶対的必然性という観点から把握させることができないという非難は、道徳性の最上位の原理についてのわれわれの演繹に対する非難ではなく、人間の理性一般に対してなされねばならない非難なのである。というのも、われわれの演繹がこのことを何らかの条件を通じて、すなわち、根底に置かれた何らかの関心を介して行おうとしないからといって、演繹が疑いをもたれることなどあり得ない。なぜなら、そんなことをすれば、その法則は道徳法則、すなわち自由の最上位の法則ではなくなってしまうだろうからである。かくして、われわれはたしかに道徳的命法の実践的で無条件的な必然性を把握してはいないものの、しかしそのような命法の把握不可能性を把握しているのであって、このことが、さまざまな原理において人間理性の限界にいたるまで努力を行う哲学に対して、正当に要求できるすべてなのである。

訳　注

序

（1）**『道徳形而上学の基礎づけ』（*Grundlegung zur Metaphysik der Sitten*）**　本書の邦訳名には、『道徳形而上学の基礎づけ』の他に、『道徳形而上学原論』、『人倫の形而上学の基礎づけ』などがある。本書の邦訳名については巻末の訳者解説を参照。

（2）**三つの学問**　ここに挙げられているのは、一八世紀当時に北ドイツ（プロイセン）の大学で広く教えられていたヴォルフ学派の学問区分ではなく、ディオゲネス・ラエルティオスの『ギリシア哲学者列伝』第七巻などで伝えられている、古代ギリシアのストア派による学問区分である。カントがあえてこの区分を掲げているのは、そこでは倫理学が論理学および自然学と同等の主要な地位を与えられており、かつそれらが相互に区別されているからである。

（3）**自然学（Physik）、自然論（Naturlehre）**　自然的世界ないし宇宙万物のあり方を探究する近世の自然学は、有機体に関わる自然目的論や自然誌学（博物学）とは別に、自然の普遍的法則性を重視するものへ、さらにその法則を物体的、機械論的に解析するもの（物理学）へと変遷する。青年時代からさまざまな自然論を著しているカントは、前批判期においては自らを自然学者とも称していた。

（4）**倫理学（Ethik）、道徳学（Sittenlehre）**　カントは『実践理性批判』（*Kritik der praktischen Vernunft*, 1788）第一部第一編第一章で、当時の「道徳論」（Moral）に見られる道徳性の実質的原理を六種類に区分し、自らの法則的、形式的原理と対比している。

（5）**規準（Kanon）**　『純粋理性批判』（*Kritik der reinen Vernunft*, 1781, 87. 以下 KrV と略）「超越論的方法論」の第二章「純粋理性の規準」によれば、「規準」とは「ある種の認識能力一般を正しく使用するためのア・プリオリな諸原則の総体」とされる（KrV, B824）。

（6）**ア・プリオリ（a priori）**　原義は「より前のものから」。批判期のカント哲学では「経験に先立っている」ことを意味しており、「先天的」とも訳される。他方、『純粋理性批判』では、経験の成立条件などを指す「超越論的」（transzendental）の概念が「先験的」と訳されることもあるが、「ア・プリオリ（先天的）」と「超越論的（先験的）」では意味が異なる。またア・プリオリに対して、「経験したことによる」を意味する「ア・ポステリオリ」（a posteriori）は、「後天的」とも訳される。なおカントの「ア・プリオリ」が示す「先天的」には、一九世紀後半以降に展開した遺伝学や進化論における生物科学的な生得性の意味はない。

（7）**純粋（rein）**　『純粋理性批判』の「序論」によれば、「純粋」とは、「ア・プリオリ」の中でも、経験的な要素をまったく含んでいないこと、したがって純粋にア・プリオリな原理や要素からなることを意味する。

(8) **形而上学(Metaphysik)**　哲学を純粋哲学(純粋合理的哲学)と経験的哲学に区分し、純粋哲学を論理学と形而上学に区分するのは、本書冒頭のストア派の学問区分ではなく、ヴォルフの『哲学一般の予備的叙説』(*Discursus praeliminaris de philosophia in genere*, 1728)に見られるような、ヴォルフ学派の区分である。ヴォルフによれば、形而上学は合理的な純粋哲学であり、一般形而上学としての存在論と、特定の対象に区分された三つの特殊形而上学としての、合理的世界論(合理的自然学)、合理的心理学、合理的(自然本性的)神学に区分される。他方で、倫理学は固有の形而上学的原理をもたないために独立した部門とはならず、実践哲学の根本原理は合理的心理学および合理的神学に置かれるとされる。なおカントはケーニヒスベルク大学で、論理学、形而上学、道徳哲学、人間学などを長年にわたり講義していた。

(9) **人間学(Anthropologie)**　カント自身も後年になって、自身の講義に基づいた『実用的見地における人間学』(*Anthropologie in pragmatischer Hinsicht*, 1798)を著している。

(10) **本来の道徳論**　ヴォルフ学派の区分に対して、カントは倫理学の合理的部門を「本来の道徳論」として形而上学の位置に引き上げ、法学などを含む実践哲学の諸部門にとっての根本原理とするとともに、それらの諸部門に自然学と同様な、厳密で論理的な学問性を与えようとしている。

(11) **レギオン(Legion)**　聖書に由来する語としてはたんに「軍団、多数、大勢」のことだが、

「(学)派」の意味をも含む。本書出版の当時は、ヴォルフ学派だけでなく、通俗哲学(常識学派)、道徳感情論、経験的心理学など、道徳に関するさまざまな学派の教説が存在していた。なおカントは、少数の例外を除いて被引用者を明記しない。「だれかの書いたものを読み、何かを学び取ったとき、私はその人を引用しないことにしていた。」(アカデミー版 AA18, S.62. 以下アカデミー版を参照する際には、AAにつづいて、巻数、頁数の形式で示す)

(12) **道徳哲学(die sittliche Weltweisheit)**　カントは本書において、概ね道徳学、道徳哲学を意味するものとして、複数の術語(Sittenlehre, die sittliche Weltweisheit, Moralphilosophie など)を用いている。

(13) **拘束性(Verbindlichkeit)**　義務による強制によって拘束されており、責任性が生じていることを意味する。本書の中心的な論点のひとつは、道徳に代表される人間理性の拘束性の根拠をどこに置くのかという点にある。

(14) **作用根拠(Bewegungsgrund)**　「動因」、「行為根拠」とも訳される。自然学においては物体の運動因や作用原因の意味だが、実践哲学を扱う本書では、意志による行為作用や運動を生じさせる根拠の意味で用いられている。なおカントはすでに前批判期の『形而上学的認識の第一根拠の新解明』(*Principiorum primorum cognitionis metaphysicae nova dilucidatio*, 1755)などで、ライプニッツ以来の「充足理由」律をその根拠の論理的区分から考察しており、それらは一般に「充足根拠」の問題と呼ばれる。

（15）**規則（Regel）**「規則」は限定された適用範囲と例外をもつが、「法則」（Gesetz）は一般に、普遍妥当的なものであり、例外を許さないものとされる。

（16）**傾向性（Neigung）**　欲求や欲望、本能などの人間の自然本性（Natur）に与えられており、しばしば無意識的で習慣的なものとなっている、固有の行動の仕方や性癖のこと。

（17）**ヴォルフ（Wolff）**　クリスティアン・ヴォルフ（Christian Wolf(f), 1679–1754）。一八世紀ドイツ啓蒙哲学の中心人物。ライプニッツの哲学を体系化し、学問区分の近代的整備を行うことで、一八世紀前半のドイツで最大の哲学流派であるライプニッツ・ヴォルフ学派の祖となった。ヴォルフや高弟バウムガルテンなどの著書は、北ドイツのプロテスタント諸大学の哲学部においてプロイセンの欽定教科書に指定され、カントもそれらを用いつつ自らの講義を行った。

（18）**一般実践哲学（allgemeine praktische Weltweisheit）**　ヴォルフの『哲学一般の予備的叙説』において、実践哲学は一般実践哲学、自然法学、倫理学、家政学、政治学に区分される。またヴォルフは別に、『学問的方法による一般実践哲学』（*Philosophia practica universalis*, 1738–39）、『道徳哲学』（*Philosophia moralis sive ethica, methodo scientifica pertractata*, 1750–53）を著している。

（19）**超越論哲学（Transzendentalphilosophie）**　『純粋理性批判』の中で「超越論」は複数の意味で用いられるが、ここでは主としてあらゆる認識の一般形式を扱う論理である「一般論理学」に対して、対象のア・プリオリな認識のみを扱う論理である「超越論的論理学」の意味で用いられている。なおカントは、経験的な対象認識を主要な問題としない実践哲学の原理に関する分野では、「超越論哲学」の名称をほとんど用いない。

(20) ヴォルフによれば、一般実践哲学や倫理学は形而上学の一部門をなしておらず、実践哲学の形而上学的原理は、形而上学としての自然神学ないし合理的心理学に求められるため、カントの根拠づけとは異なる。

(21) カントが大学での講義に使用した教科書の著者でもある、ヴォルフやバウムガルテンなどを指す。とくに道徳哲学の講義では、バウムガルテンの『哲学的倫理学』(*Ethica philosophica*, 1740, 51, 63)、および『第一実践哲学(実践形而上学)綱要』(*Initia philosophiae practicae primae acroamatice*, 1760)を教科書として用いたことが知られている。

(22) **道徳形而上学(eine Metaphysik der Sitten)** カントは本書から一二年後に、「法論の形而上学的基礎」と「徳論の形而上学的基礎」からなる、『道徳(人倫の)形而上学』(*Die Metaphysik der Sitten*, 1797)を公刊した。

(23) **純粋思弁理性批判(Kritik der reinen spekulativen Vernunft)** 思弁(理論)理性の吟味を扱ったカントの既刊書の名は、『純粋理性批判』であり、「思弁」という言葉を含まない。とはいえ一般に、独断的形而上学を批判的に吟味する『純粋理性批判』の書名は、「経験的思弁理性」の使用ではなく「純粋思弁理性」の使用に関する批判を意味していると考えられている。

(24) **批判(Kritik)** カントの批判哲学における「批判」とは、概念や能力がもつ可能な範囲や限界について厳密に確定するために、それらの性質を再検討し吟味するという意味であり、たんなる否定や反論を最終目的としたものではない。

（25）**弁証論的（dialektisch）**　「弁証論」とは一般に、理性が自らの能力に許される限界を超えてしまい、無意味なものとなったり、誤った仮象の原因となったりする学問的論理や理論のことである。カントは、そのような越権的な理性使用に走ることが人間理性にとっては必然的な自然本性であるとして、「自然（本性的）弁証論」とも呼んでいる。

（26）本書ではPhB版の改訂版と同様に、カントの初版本の表記に従う。

（27）**純粋実践理性批判（Kritik der reinen praktischen Vernunft）**　本書の三年後に公刊された、実践理性を扱った批判書の書名は『実践理性批判』である。訳注（23）の『純粋理性批判』とは異なり、「純粋」の語が含まれていない。カントは善意志としての「純粋実践理性」を超越論的事実として認めており、その書名は道徳形而上学の原理となる「純粋実践理性」への批判ではなく、むしろ経験的な「一般実践理性」に対する批判的吟味を意味するとされている。

（28）**分析的（analytisch）、総合的（綜合的）（synthetisch）**　当時のドイツ啓蒙哲学で方法論的区分として用いられていた概念。カントも一般論理学および超越論哲学における「分析的」と「総合的」の区分について、『純粋理性批判』の「序論」、『プロレゴーメナ』（*Prolegomena*, 1783）、『論理学講義』（*Logik*, 1800）などで扱っているが、ここでの区分は、むしろ当時の道徳哲学の区分に近いとも見なされる。なおまた、カントによれば『実践理性批判』は、道徳の根本原理から開始される点で、普通の理性認識から開始される『道徳形而上学の基礎づけ』とは逆の途をたどる。

第一章

（1）**善い意志(ein guter Wille)**、**善意志(der gute Wille)**　両概念の異同については諸解釈があるため、本書では区別して訳出した。

（2）**才能(Talent)**、**気質(Temperament)**、**性格(Charakter)**　これらの概念の区分や関係については、カントの『実用的見地における人間学』で詳細に論じられている。

（3）**公平な観察者(ein unparteiischer Zuschauer)**　「公平（公正）な観察者」(impartial spectator)はアダム・スミスの『道徳感情論』(*The Theory of Moral Sentiments*, 1759)の基本概念として知られるが、「観察」は同時に、『エミール』(*Émile, ou De l'éducation*, 1762)などのルソーの教育論の基本概念でもある。ほぼ同時期に世に出た両者の見解の異同は今日でも論議されるが、カントは少なくともルソーの議論については知悉していた。

（4）古代ギリシアの徳倫理やストア派の自然主義倫理の主張を指すと見なされる。

（5）**合目的的(zweckmäßig)**　自然の合目的性、有機的存在者（生物）の合目的性、さらに「自然の意図」(Absicht der Natur)などについては、『判断力批判』(*Kritik der Urteilskraft*, 1790)の第二部で区分され集中的に論じられている。

（6）**ミゾロギー(Misologie)**　理性嫌い、言論嫌いの意。ミソス（憎悪）とロゴス（理性・言論）からなるギリシア語のミソロゴスによる。プラトンは『パイドーン』の中でミソロゴスが生じる過程を示し、その態度を批判している。

（7）**最高善（das höchste Gut）**　カントは、最高の徳としての「最上善」（das oberste Gut）と、その最上位の善が幸福と一致した「最高善」を区別する場合がある。「徳（善）と幸福との一致」としての「最高善」については、『実践理性批判』の「純粋実践理性の弁証論」において中心的に論じられている。なお一般に、「唯一の完全な善」という定義がなされるのは、神についてのみである。

（8）第二、第三の命題とは異なり、「第一の命題」と明確に指示されてはいないが、この文以降が第一の命題の内容となる。その主旨は、「義務に適合している（pflichtmäßig）行為ではなく、義務から（aus Pflicht）なされる行為が道徳的価値をもつ」、ということである。

（9）**格律（Maxime）**　「格率」とも邦訳される。後の原注で述べられる通り（八〇頁）、行為の主観的な原則ないし指令の意である。

（10）**聖書の一節**　新約聖書の「マタイによる福音書」第五章、「ルカによる福音書」第六章などに類似の複数の記述がある。

（11）**感受的（pathologisch）**　感性などの受容（感受）能力に基づいた受動的態度のこと。他方、ここで言われる「実践的」は、理性のような自発的な能力による能動的態度のことである。

（12）原書第二版の「義務からなされる行為」ではなく、第一版に従い、行為の道徳的「価値」とする。

(13) **尊敬(Achtung)**　ここでの「尊敬」は、受動的ではなく能動的で自発的な感情(上級感情ないし高級感情)に属するが、同時に法則(の表象)への「意識」という価値表象としては、心理的なものではあっても、たんなる尊敬感情とは異なる側面をもつ。

(14) アディケスの校訂を採用したPhBの改訂版に従う。

(15) **法則の表象**　本書第二章では、「法則」そのものと、「法則の表象」(Vorstellung)である「諸原理」、さらに「原理の表象」としての「命法」が段階的に区別されている。この区別は「法則そのもの」と「法則への意識」との差異につながる。

(16) **キメラ(Chimära)**　古代ギリシア語では「キマイラ」。ギリシア神話に登場する、ライオン、山羊、大蛇などから合成された怪物だが、一般に「妄想・空想・幻影」などの意味をもつ。

(17) カントは後年、嘘をつくことの正当性について、カントを批判したコンスタンに対して、「人間愛から嘘をつくことの誤った権利」(Über ein vermeintes Recht aus Menschenliebe zu lügen, 1797)を公表している。巻末の訳者解説を参照。

(18) 第一章のテーマである、「道徳についての普通の理性認識から哲学的な理性認識への移り行き」は、前段までで終了したと見なされており、以降の部分は付論となる。

(19) **ソクラテス**　ソクラテスは理性的な対話術(問答法)を用いることによって、対話の相手が、自分自身の内にすでにもっている概念や認識に対して自己吟味(普遍的推論)を行い、内発的、自発的に結論を導き出すこと（産婆術）を重視した。

(20) 道徳的認識における「普通の人間理性」ないし「普通の悟性」の優位性や賞揚については、カントの「『美と崇高の感情に関する観察』への覚え書き」(Bemerkungen zu den Beobachtungen über das Gefühl des Schönen und Erhabenen) などに基づいて、ルソーからの影響が大きいとする解釈がなされている。

第二章

(1) **心意（Gesinnung）**　「心術」とも、またカント及び新カント学派から影響されたマックス・ウェーバーの類似の術語では「心情」とも邦訳される。いずれも外見からはわからない心根、心の本音、心ばえ、心のもちようの意であり、外的な結果ではなく内心の心意を道徳性の基礎とするカントの倫理は、結果倫理や責任倫理に対して「心術倫理」とも呼ばれる。

(2) カントにおいて人間理性は純粋な普遍性を志向するが、それが完全には不可能であることから結果的には不純な方向へ向かわざるを得ないという、背反的性質（対抗性）をもつと見なされている点に、ルソーの影響を見る解釈がある。

(3) **思い計っていること（Dichten und Trachten）**　聖書に典拠をもつ言葉。人々の心が思い計っているのが悪いことばかりであったために、ノアの洪水が引き起こされた、という旧約聖書「創世記」第六章第五節に基づく。

（4）新約聖書の「ルカによる福音書」第一八章第一八—一九節による、「善き主よ」と呼びかけられたイエスの応答の言葉「なぜ私を善いと呼ぶのか、神おひとりの他に善い者はない」による。

（5）**隠れた質（verborgene Qualität）**　中世から近世初期の自然学において、エネルギーのような作用力などは、「隠れた質」（qualitas occulta）として、自然の中でその根底にある「自然潜在的」、「自然根元的」（hypophysisch）なものと見なされた。カントはその処女作『活力測定考』（*Gedanken von der wahren Schätzung der lebendigen Kräfte*, 1747）ですでにこの問題を扱っている。それに対して神の摂理などは、自然の外にある超越的なものとして「超自然学」（Hyperphysik）の対象となる。

（6）**ズルツァー（Sulzer）**　ヨハン・ゲオルグ・ズルツァー（Johann Georg Sulzer, 1720–79）。スイス出身の学者。数学、科学、美学、心理学などに多様な業績をもち、ベルリン・アカデミー（プロイセン科学アカデミー）の哲学部門責任者であった。ヒュームの独訳者で、知覚心理のような経験論を重視するとともに、美学や音楽芸術論ではヴォルフ学派の合理的形而上学の側面をも示す。カントに対しては、道徳形而上学の理論を期待していたが、カント自身はズルツァーの形而上学的原理の独断性を批判していたことが知られている。

（7）原文は「ないしは」（oder）だが、複数の解釈者によって、「かつ」、「だが」などへの変更が指摘されている。

（8）**世の中の最高の幸福（zum höchsten Weltbesten）**　「世界の最高福祉」とも訳される。同じ用語はカントの書簡や著作に散見されるが、とくに『純粋理性批判』の「超越論的方法論」では、道徳神学ないし超越論神学の観点から、こうした方向性をもつ純粋な道徳的意志の全知全能性や永遠性を論じている（KrV, B843）。

（9）**べし（Sollen）**　「」は訳者の付加。名詞であることから「当為（まさになすべし）」とも訳される。カントの影響を受けたフィヒテの知識学や、新カント学派のリッカートらの価値哲学にとっての基本概念でもある。

（10）**関心（Interesse）**　第三章訳注（13）を参照。

（11）**仮言的（hypothetisch）**、**定言的（kategorisch）**　『純粋理性批判』「超越論的分析論」では、判断における悟性の論理的機能として、定言的関係、仮言的関係、選言的関係の三種類が判断の関係性（主語と述語の関係）の基本形式とされる。定言判断が無条件の直接的な関係であるのに対して、仮言判断は別の判断に基づいた条件付きの関係である。

（12）仮言命法の条件付きの関係という論理性と、蓋然性の様相という論理性とは性格が異なっており、そのままでは一致しない。また仮言命法という命令の性格と、蓋然性という様相の性格もそのままでは一致しない。後者の問題点に関するカントの訂正は『判断力批判』「第一序論」（Erste Einleitung in die Kritik der Urteilskraft）に示されている（AA20, S.200, PhB, S.490）。

（13）**蓋然的（problematisch）**、**実然的（assertorisch）**、**必当然的（apodiktisch）**　「必当然的」は「必然的」あるいは「確然的」とも訳される。『純粋理性批判』「超越論的分析論」では、判断の様相（Modalität）として上記の三種類の判断が挙げられている。

（14）アカデミー（AA）版およびPhBの改訂版に従い、カントの原文にあったnichtを削除する。

（15）カントの原文では「好ましい」であるが、PhB版の校訂に従う。

（16）**福祉（Wohlfahrt）**　カントは講義などで「福祉」の語をしばしば用いる。『純粋理性批判』の「超越論的方法論」では、道徳的世界（叡知界）において、理性的存在者は「幸福の体系」という純粋理性の理念に基づくことで、自己自身や他者の持続的福祉の創始者になるとされる（KrV, B837）。

（17）**国事詔書（Sanktion）**　Pragmatische Sanktion（ラテン語ではsanctio pragmatica）の意で、「国本勅令」とも訳される。一般的には、重要な国事（pragma）に関してヨーロッパの君主が発する詔書（勅令）のこと。国家の基本法と同様の実効性（実用性）が期待されるが、基本法のように法的権限と根拠によるのではなく、むしろ現実に実効的（pragmatisch）であることを目的として発せられる。カントの時代でもっとも有名な国事詔書は、一七一三年、神聖ローマ皇帝カール六世によって発布された、ハプスブルク家の領地を分割不可とするもので、ハプスブルク家内部の私的規定によるものであり、皇位継承の順序を明確化するという目的をもっていた。

（18）**総合命題（ein synthetischer Satz）、分析命題（ein analytischer Satz）**　分析的と総合的（綜合的）の区分は、本書の「序」での広義の用法に対して、ここではより厳密な論理的差異をもって使用されている。『純粋理性批判』の「序論」によれば、ある判断において、述語B（の概念）が主語Aの概念の内に含まれていればその判断ないし命題は分析的であり、BがAの外部にある場合には総合的となる。分析判断(分析命題)はAの概念内容をBによって分析的に提示する「解明判断」であり、総合判断はAの概念内容がBによって拡張される「拡張判断」である(KrV, A7)。われわれの認識を拡張する総合判断の成立には、AとBとを総合するために別のもの(X)が必要となる。そのようにして成立する、経験によらないア・プリオリな総合判断の可能の根拠を解明し洞察することが、あらゆる理論的認識の究極目的である(KrV, A10)とされる。また同時に、純粋数学における数学的判断はそのすべてが総合的判断であるとも主張されている(KrV, B14)。

(19) 原文には、この箇所に対応すべき「第一に」の文言が見られない。「第二に」以降が、定言命法の可能性の洞察に関する困難を示していることから、「第一に」にあたる箇所は前段冒頭の、「定言命法の可能性はまったくア・プリオリに探究されねばならないだろう」であると見なしうる。

(20) カントが示す定言命法の諸方式は、解釈者によって三種類、五種類などに分類される。その際多くの解釈者はこの表現を、定言命法の「第一の定式」と見なす。「普遍的法則の定式」、「定言命法の基本定式」とも呼ばれる。

(21) この表現は「第一の定式」に準じたもの、または第一の定式に属するものと見なされている。「自然法則の定式」とも呼ばれる。

(22) 以降に述べられる、義務における「完全義務」、「不完全義務」の区分は、当時の自然法論者

（プーフェンドルフなど）に従った通例のものであるが、内的義務と外的義務とのそれぞれに完全性と不完全性を認めるのは、『道徳（人倫の）形而上学』に引き継がれるカント独自の構想である。後述の、「学校で通用している語用法には反する」という注の記述は、このことによると考えられる。

（23）自分自身に対する完全義務（必然的義務）の例。

（24）他人に対する完全義務の例。

（25）自分自身に対する不完全義務（功績的義務）の例。

（26）他人に対する不完全義務の例。PhB 改訂版に従って「四」の数字を補足し、「四番目の人」の強調表現を削除する。

（27）**規準（Kanon）**　序訳注（5）を参照。

（28）**対抗性（antagonismus）**　「敵対性」、「敵対関係」とも訳される。カントでも複数の用法があるが、『世界市民的見地における普遍史の理念』（*Idee zu einer allgemeinen Geschichte in weltbürgerlicher Absicht*, 1784）によれば、自然の意図ないし計画は、人間に対して、社会を志向しつつ、同時に社会に背を向けるという対抗性（非社交的社交性）を与えることにより、人間の自然素質を発達させ、市民社会の実現を促すものである（AA8, S.27）、とされる。

（29）**一般性（Gemeingültigkeit, generalitas）**　「普遍性」（Allgemeinheit, universalitas）に対する「一般性」は、「法則」に対する「規則」と同様に、厳密に論理的な客観的必然性と普遍妥当性およびそうした性質の根拠などをもたない。

(30) クッション(Polster)　男性名詞での解釈もあるが、ここでは中性名詞と見なす。

(31) よく知られた格言。ローマ神話のユーノー(ギリシア神話ではヘラ)に横恋慕したラピテス族の王イクシオンが、雲で作られた偽のユーノー(ネペレ)を抱かされる、という古代ギリシア・ローマ神話による。一七世紀のルーベンスの絵画「ユーノーに欺かれるイクシオン」でも有名。

(32) **適意(Wohlgefallen)**　心にかなうこと、気に入ることの意。これによって対象への関心が生じる。『判断力批判』における美感的判断力の基本概念。

(33) **第二部門**　ヴォルフ学派の特殊形而上学における第一部門としての世界(宇宙)論、ないしは外的な自然学(一九世紀以降の物理学)に対する部門。

(34) 多くの解釈者はこの表現を、定言命法の「第二の定式」と見なす。「人格目的の命法」、「人間性の命法」などとも呼ばれるように、目的自体であって尊厳をもつのは物件としての人間ではなく、人間の中にある人格であり、さらにその人格の中にある道徳的な人間性である。

(35) 『道徳(人倫の)形而上学』における、カント自身の「義務一般の体系としての道徳の区分について」(AA6, S.242)の内容を指すという解釈が一般的である。

(36) **quod tibi non vis fieri**　いわゆる「黄金律」。「自分にしてほしくないことは人にしてはならない(Quod tibi fieri non vis, alteri ne feceris.)」の意。孔子の『論語』などにも類似の表現が見られるが、キリスト教世界では、イエス・キリストの山上の垂訓がもっともよく知られている

（「マタイによる福音書」第七章第一二節、「ルカによる福音書」第六章第三一節）。

（37）**自然目的（Naturzweck）**「自然目的」ないし「自然の目的」（Zweck der Natur）は、『判断力批判』第二部の「目的論的判断力論」で分類され吟味されている。

（38）九六―九七頁の、「第二の（人格目的の）定式」を指す。

（39）フォアレンダーによれば「この原理」を指すとされるが、ここではPhBの改訂版に従う。

（40）多くの解釈者はこの表現を、定言命法の「第三の定式」と見なす。「自律の定式」、「自己立法の定式」とも言われる。定言命法の表現に直せば、「君の意志が、その意志の格律を通じて自分自身を同時に普遍的に立法するものと見なすことができる、そのような格律にのみ従って行為せよ」、ということになる。

（41）**目的の王国（Reich der Zwecke）**「目的の国」、「諸目的の国」とも訳される。「目的の王国」は共通の客観的法則に従い、道徳的義務を伴う道徳的共同体だが、しかし全体性を優先しているのではなく、あくまで独立した個々の人格である理性的存在者の結びつきと見なされている。カントは他の諸著作において、「徳の国（天使の国）」、法義務を伴う「法的市民社会」、共通感覚を伴う美的な趣味判断の共同体など、複数の公共体を提示している。

（42）**感情価格（Affektionspreis）**「愛好価格」とも訳される。外的な相対的価値の中で、特定の趣味や嗜好によって生じる愛好や愛着の感情に基づく価値のこと。

（43）この「それ」については、「立法」ととる解釈と「尊厳」ととる解釈がある。

(44) カントの原文では「格律」(Maxime)となっているが、誤植と見られる。PhB版等で修正されている「実質」(Materie)に従う。

(45) **カテゴリー(die Kategorien)**　「範疇」とも訳される。「カテゴリー」は一般には「基本的諸分類」の意であるが、ここで示されるカテゴリーは、『純粋理性批判』「超越論的論理学」に示される「純粋悟性概念」のカテゴリーであり、その内の「量」のカテゴリーの諸区分と種類に従っている(KrV, B105f.)。

(46) **実践的理念(eine praktische Idee)**　カントは本書で、「道徳形而上学」、「善い意志」、「義務」、「自由」などについて、しばしばそれらを「理念」と表現するが、この箇所ではとくに何か「あるもの」の概念である理論的理念との対比で、「あるべきもの」の概念としての実践的理念の特性が示されている。

(47) **叡知界(mundus intelligibilis)**　第三章訳注(8)を参照。

(48) 「それ」が指示しているものについては、「普遍性」ないしは「諸法則」の複数の解釈がある。

(49) **ハチソン(Hutcheson)**　フランシス・ハチソン(ハチスン、ハッチソン。Francis Hutcheson, 1694–1746)。アイルランド出身の哲学者。一八世紀英国の啓蒙思想の祖であり、「道徳感覚論」(moral sense theory)を主唱した。ハチソンは人間の道徳的本性として自愛(self-love)と仁愛(benevolent affection)を示し、それらが自他の「幸福」を目ざすものと見なしたことにより、アダム・スミスの『道徳感情論』や、スコットランド常識学派(Scottish school of common sense)、またベンサムらの功利主義理論に大きな影響を与えた。なおこの前後の箇所で述べられるカントの「感情」と「感覚」の異同については、英国での「道徳感覚」(moral sense)と「道徳感情」(moral sentiment)との異同にも関わり、諸説がある。

(50) PhB の旧版ではハルテンシュタイン版に従って「表象を」となっているが、ここではカントの原版および PhB の新版に従い「表象が」とする。

(51) 第一章訳注(16)を参照。

(52) この文と同様な表現が第三章に見られるが、その意味内容は異なっており、ここでの「見なし」は、本書の第二章末までの議論が論理的な仮設的条件に基づいた分析的解明であったことを示している。第三章訳注(6)を比較参照。

第三章

(1) カントの批判哲学においては一般に、理性概念の権限と限界についての批判的吟味や規準(カノン)が先行し、その後に新しい形而上学が学問構造(オルガノン)として建築される。本章のタイトルはその手順に逆行しているが、前章末にあるように、少なくとも論証手順として理性批判を先行させねばならない、という事実問題として受け取れる。しかしこの移り行きには、道徳形而上学はいかなる範囲においていかなる意味で建築可能かという、より根本的な権利問題が含まれており、その問題が第三章の中心となる自由論である。こうした重層的な構造のため、序の末尾では「最後の一歩」と記されているにもかかわらず、本書第三章でのカントの論証の仕方および『実践理性批判』の論証構造との異同についてはさまざまな批判的解釈がある。

(2) **自由(Freiheit)**　本書の一〇頁において道徳性は「自由の法則」に関わるとされていた。その意味は第二章までは伏せられていたが、第三章では「自由」ないし「自由の理念」の概念が他の術語を圧倒して頻出しており、その理解可能性が道徳形而上学の成立を左右する基礎となっている。

(3) **原因性(Kausalität)**　ここで「自由」は「原因性」の特性とされており、自由という特性をもつ原因性、すなわち「自由の原因性」が問われることになる。「自由の原因性」の問題は、『純粋理性批判』「超越論的弁証論」における「第三アンチノミー(二律背反)」以降で、理性批判の中心問題として詳細に扱われており、本章の自由論はそこに直接に連接している(KrV, A444ff., B472ff.)。

(4) **演繹(Deduktion)**　『純粋理性批判』での「演繹」は、法的問題における事実の立証とは別に、合法性の権限(権利の要求)を立証するための証明とされ、ア・プリオリな諸概念はつねに何らかの演繹を必要とする、とされる(KrV, B117)。本書では第三章に初出し、理性的存在者の意志に「自由」概念が前提されるべきことの正当性の証明、という意味で用いられると同時に、道徳性の権利根拠の証明にとって不可避的な、人間理性のもつ論証の限界をも示すものとなっている。

(5) **関心(Interesse)**　本章訳注(13)を参照。

（6）この箇所も第二章までと同様に、論理的な仮設的条件の下に置かれている結論ではあるが、しかしここでの主張は、われわれの理性的認識の事実に基づく、自由の必当然性の演繹の一部分になっているという点では、たんなる仮言的な主張にとどまるものではない。第二章訳注(52)と比較参照。

（7）**交換概念(Wechselbegriffe)**　意志の「自由」と「自己立法」は完全に同義で同水準の存在性格をもつ概念とは言えないが、道徳的な実践理性における両者はいずれも「自律」とされることから、理論的な論証根拠としては循環することになる。

（8）**感性界(Sinnenwelt)**、**悟性界(Verstandeswelt)**、**知性界(intellektuelle Welt)**　カントは『純粋理性批判』と同様に、本書でも「感性界」ないし「現象界」と「悟性界」ないし「叡知界」(intelligible Welt, mundus intelligibilis)とを区別し、とりわけ本書では道徳的な理念や自由に従っているかぎりでの理性的存在者の人格性を、「叡知界」にある人間と述べる。このような「二世界説」の記述に対しては、人間を「感性界」と「悟性界」に分裂させているというカント批判や、関連したさまざまな解釈史がある。また、「知性界」は、「悟性界」や「叡知界」と同じ意味とも見られるが、この箇所では、人間の「純粋な活動性」を、非感性的な「直接的意識」(歴史的に「知的直観」とされてきたもの)による世界にあるものとしており、「道徳法則の意識」の性質について特定の理解が見られる。

（9）カントの原文では「規定される」だが、ここではPhBの新版に従う。

(10) ここでは、第二章訳注(52)の箇所におけるような仮言的な認識ではなく、「実際にそのように考える」または「考えねばならない」という、実然的ないし必然的な認識を根拠とする証明がなされており、さらにはそれ以上の認識論的な根拠づけが不可能であることも主張されている。この論証によって、カント自身が想定した循環が回避されたかどうかについては諸解釈がある。

(11) ここで訳出した er は「意志」と解釈する。

(12) ここでは、PhB 版の注記に従い、er を sie に読み替えて翻訳する。

(13) カントは「関心」を、第二章の原注(六四頁)と同じく、ここでも理性的意志の規定原因として理解するとともに、経験的関心と純粋な理性関心を区別する。なお、「自由」ないし「自由の理念」と関心との関係に類似する問題は、すでに『純粋理性批判』「超越論的弁証論」の「アンチノミー論」(B490)で、「実践的関心」と「理論的関心」との関係として取り扱われていた。

(14) 理性は無条件的な絶対的必然性へ向かう無限の志向性をもつとともに、理性そのものの現存と生起の自然本性的な条件によって本質的に制限されている。理性が自分自身の内にもつこの背反的(対抗的)な存在性格が、理性的存在者のそのつどの自己認識や法則意識に先立つものとして、道徳形而上学の可能性と把握不可能な限界を示している。

訳者解説

大橋容一郎

1　本訳書の特徴

本書はイマヌエル・カントの著作 *Grundlegung zur Metaphysik der Sitten*, 1785 の全文翻訳である。本書は近代倫理学の基本書であり、人間の道徳性や善悪だけでなく、正義と意志、義務と自由、人格と尊厳、共同体と規範など、現代の実践的、社会的な問題を考えようとするときにも欠かすことのできない参照文献である。そのためすでに邦訳も数多く存在しているが、それらのいくつかについては後述することにしたい。今回の翻訳にあたっては、文庫という性格から、専門的な哲学研究者以外の読者の関心にも対応することを想定し、以下の訳者解説に加えて、本文中でも次の点について配慮している。

カントのこの著作は、他の主著と同様に一八世紀の回りくどい文体で書かれているが、本書の訳文については、適宜句読点をほどこし一般読者にもできるだけ読みやすい現代語による翻訳文とした。しかし同時に、社会科学などの研究に本訳書が参照文献として使われることも想定して、学術的な用途にも使用できる厳密さのレベルを保持することも心がけた。結果として、一般読者だけでなく学術的な使用にもある程度は対応できるものになったと考えている。とはいえ、カント哲学や近代ドイツの哲学思想を研究される読者は、どの翻訳を使用する場合であっても、ドイツ語原典にあたることが不可欠である。現代では、古典的な哲学の原典の多くはパブリック・ドメインとなってインターネット上に公開されており、自由に接することができる。本著作のドイツ語原文もその例にもれないので、容易に比較対照することができるだろう。

本書の訳注についても、やはり上記の広い読者に対応できるように、基本的に以下の三種類のみに限定した。第一に、本文中に出てくるカントの専門術語について、一般的な解説を付すとともに、カントの他の著作に出てくる関連箇所を指示する。第二に、本書を読み進める際に疑問が生じてくるが、本文中ではその説明がなされていない箇所について、理解を助けるための材料を提供する。第三に、本書が翻訳の底本としたのは後述するようにPhB（哲学文庫）版の改訂新版だが、原典には複数の版がある。それらの版に見られる語句のちがいが翻訳内容に影響を与えるものについては、どの版を採用したのかを明示する。以上の点以外の、本文を読んで考えられる哲学上の専門的な解釈などは、二、三の点を除いて割愛した。

また、本書の翻訳にあたっては、カントの他の主要著作の訳者たちと事前に協議を重ね、底本の選定、訳文の文体や専門術語の訳語などについて配慮している。本訳書の瑕疵や遺漏については訳者個人に責があることは言うまでもないが、今回の翻訳出版は、出版時の日本におけるカント研究の特徴を示す、共同作業の結果ともなっている。

2　『道徳形而上学の基礎づけ』について

カントは本書で、経験的な「普通の理性使用」あるいは「普通の理性認識」から始めて、ア・プリオリな道徳哲学へと歩みを進めていく。カント自身がきわめて適切だとする叙述に導かれていくことで大枠の理解を得られるので、訳者による内容の解説は無用のものとも言える。それでも以下の三点については、あらかじめ確認しておきたい。第一には、本書でカントが扱っている道徳性とは、あらゆる人間につねに備わるものではなく、ただ「理性的存在者」であるかぎりの人間がもつ能力とされていること。第二には、本書での「理性」は、何らかの対象を認識する「理論理性」ではなく、行為を意志する「実践理性」なのだ、ということである。本書第一章の中心となる「義務」の概念はもっぱら「理性的存在者」にとっての義務であり、第三章の「演繹」もあくまで「実践理性」に固有の論証であって、『純粋理性批判』の論理とまったく同一のものではないことは、読解に際してつねに留意しておかなければならない。

第三に気をつける必要があるのは、『道徳形而上学の基礎づけ』という本書の書名である。この言葉のもつ意味は、本書を一読しただけでは簡単には理解できないように思われる。そこで以下では、書名に使われている「形而上学」、「基礎づけ」、「道徳」という術語のそれぞれの意味について、かんたんに述べておきたい。とはいえそれらは、さまざまな発展史的背景をもったカント哲学の重要な概念であり、また膨大な数の研究や解釈がなされてきた問題でもある。ここでの概説は、ただ本書の読者にとって理解の助けとなるような点のみにとどめておく。

(1)「形而上学」について

カントは一七七〇年代のいわゆる「十年間の沈黙」の後、一七八一年に『純粋理性批判』(第一版)を刊行すると、『学として登場しうるあらゆる将来の形而上学のためのプロレゴーメナ(序説)』(一七八三年)、『道徳形而上学の基礎づけ』(一七八五年)、『自然科学の形而上学的原理』(一七八六年)、『純粋理性批判』(第二版)(一七八七年)、『実践理性批判』(一七八八年)、『判断力批判』(一七九〇年)と、立て続けに著作を刊行した。これらの著作に見られる特徴がカントのいわゆる「批判哲学」である。そこでの批判とは、人間の理性能力全般についての「批判的吟味」であると同時に、カント以前に成立していた諸学が自らの形而上学的原理に対してもっているそれぞれの姿勢に向けられた、批判的吟味でもあった。

この当時、諸学の原理を探究するはずの「形而上学」についてカントがどのような見方をしていたのかは、『純粋理性批判』の「第一版序文」によく示されている。「かつて形而上学が万学の女王と名づけられた時代があった……いまや形而上学にあらんかぎりの軽蔑を示すことが時代の流行となっており……この老貴婦人は追放され見捨てられて、ヘクバ(ヘカベー)のように嘆いている。」学としての形而上学に対する毀誉褒貶というカントのこの視点は、『純粋理性批判』第二版の後に書かれた「形而上学の進歩に関する懸賞論文」(一八〇四年、リンクにより編纂出版)でも基本的には変わっていない。形而上学は、理論的独断的前進の段階から抗争による無政府状態の段階へと堕落し、『純粋理性批判』の「アンチノミー(二律背反)論」で述べられているように、今では理性の懐疑的静止状態にまでいたってしまったとされる。カントはこうした無気力無関心のアパシー状態におちいってしまった形而上学を、批判哲学の諸著作を通じて、諸学の基礎学として新しく立て直そうとしたと言ってもよいだろう。しかしカントはヴォルフのように、自分で諸学問の体系を建築しているわけではない。むしろ「学として登場しうるあらゆる将来の形而上学」のために、それらの原理の批判的吟味や再区分、さらには基礎づけや方法論の構築などを行うという、いわば諸学の科学基礎論の仕事を引き受けたのである。

この時期のドイツで、形而上学の理論的独断的前進の代表と見なされていたのが、カント自身もそれによる哲学教育を受け、また自らが大学教師として教える際の国定(欽定)教科書ともなっていた、ライプニッツ・ヴォルフ学派の形而上学だった。その論理学や存在論などに対する批判的吟味は、周知のように『純粋理性批判』の「超越論的弁証論」で詳述される。しかし道徳の形而上学については、さらに固有の事情が存在した。すなわち、序の訳注(18)、(20)に示したように、ヴォルフは『哲学一般の予備的叙説』で、「宇宙論(自然学)、魂論(心理学)、神学(自然本性神学)」の三者を特殊形而上学の部門とする。その一方で、「一般実践哲学、自然法学、倫理学、家政学、政治学」などに区分される実践哲学は、そもそも形而上学の一部門をなしておらず、固有の根本原理をもたないものと考えられた。実践哲学の形而上学的原理は、あくまで形而上学としての自然神学ないしは合理的心理学の内にあるとされていたのである。道徳性の原理に対するこのような従属的見方を批判して、厳密な学としての道徳形而上学を、経験を超えた純粋でア・プリオリな原理から新たに立てようとするカントの意気込みは、本書の序の部分に明確に示されている。

(2)「基礎づけ」について

形而上学の純粋でア・プリオリな原理を示すことは、形而上学に厳密な基盤を据えること、すなわち「基礎づけ」につながる。本書の「基礎づけ」という訳語の原語はGrundlegungである。しかし、カントが自らの著作でこの術語を使っている事例は、実はきわめて少ない。「基礎づけ」はカントが無意識のうちに使っている言葉ではないのである。『純粋理性批判』でカントは、感性や悟性などの超越論的原理が成立することを形而上学的に「究明」(Erörterung)する。さらにその原理を使用してよいとする権利の根拠を「演繹」(Deduktion)して、それを超越論的な論証とする。そうした論証に対して、本書第二章の「道徳性の最上位の原理としての意志の自律」の箇所において、カントは、「意志の自律」は道徳性をただ分解して得られたものであって、それ以上の仕事は本章ではしていない、と述べている。だが道徳論を厳密な形而上学として立てようとするカントのそもそもの意図に沿った「基礎づけ」だというのなら、道徳の形而上学もきちんとした権利根拠を示す固有の原理をもたねばならないだろう。そのためには「演繹」のような、原理の論証を行うことが必要となる。「道徳法則」や「意志の自律」、さらにはその根底にあるべき「実践的自由」が道徳性の原理となるのは必然的なことなのだ、とするための権利根拠は、『純粋理性批判』での「統覚」原理と同じように「演繹」されなければならないはずである。

カントはこの点を閑却しているわけではなく、また道徳性の原理の演繹的な根拠づけを放棄しているわけでもない。第三章の「定言命法はどのようにして可能なのか?」という課題に対して、カントは、「普通の人間理性の実践的使用は、この演繹の正当性を証明してくれる」として、実践的自由に関する演繹的な論証が、何らかの仕方できちんと行われたと語ってもいる。それでは本書の「基礎づけ」とは、やはり演繹的な根拠づけ(Begründung)のことを意味するのだろうか。ところがカントは、われわれは「道徳的命法の実践的で無条件的な必然性を把握してはいないものの、しかしそのような命法の把握不可能性を把握している」と、まるで演繹が不首尾に終わったかのような記述で、本書全体を締めくくってしまう。いささか曖昧に思えるカントのこうした叙述は、本書の意図や論証の仕方が不分明だと言われる原因にもなっている。しかし今は、演繹の具体的な内容やその首尾に関してこれ以上追求することはしないでおこう。

それよりもむしろ、これらからわかるのは、カントが道徳性の「基礎づけ(Grundlegung)」という書名を意識的に選んでいること、そして論証による道徳性の「演繹」や「超越論的根拠づけ」の意味ではなく、文字通り道徳性に形而上学的な「根拠」(Grund)を「置くこと」(Legung)を意味する言葉として使っているということだろう。本訳書が「根拠づけ」ではなく、原理を置くこととしての「基礎づけ」という訳語を選んだ理由のひとつもそこにある。ちなみにこう考えることで、道徳の形而上学の分野では、本書の「基礎づけ」がなされた後に、そこに置かれた道徳性の原理の批判的吟味である、「実践理性の批判」という手続きが必要になってくるだろう。また実際に、本書の三年後に刊行された『実践理性批判』に、「純粋実践理性の原則の演繹」が内実はともあれ置かれているということも、より理解しやすいものとなるだろう。とはいえ、ではなぜ本書の第三章でなされているとされた「演繹」に近い言葉ではなく、「基礎づけ」が書名として使われているのだろうか、という根本的な問題は残ったままである。

カントは本書の最後で、自分の演繹(の不十分さ)に対する非難は筋違いなのであって、本来は「人間の理性一般に対してなされねばならない非難なのである」と言う。道徳性が問題となる対象は、理性的存在者としての人間である。理性をもたない人間や理性を失ってしまった人間には、道徳性を帰することができない。さらに「神的な意志や一般に聖なる意志には、いかなる命法も妥当しない」。つまり、道徳の命法が帰せられるのは神のような完全な存在者でもなく、「意志の主観的な不完全さ」をもつ不完全な理性的存在者だけなのである。理性が不完全だというのは、『純粋理性批判』「第一版序文」冒頭で述べられる有名な言葉にあるように、「拒絶することはできないが、しかし解答することもできない問題によって悩まされる」のが人間の不完全な理性の運命であり、経験を超えた形而上的な原則を求めていかざるを得ないにもかかわらず、理性自身ではその正誤を認識できずに曖昧さと矛盾におちいる、ということである。

形而上学的な問いが必然的であるのに、確実な解答を得られないという理論理性の問題点は、本書で期待されている道徳形而上学の原理についても同じであるように見える。カントは理性の運命に従って、道徳性についても形而上学的な基礎づけを指向するが、その権利根拠を十全に証明するまでにはいたらない。人間理性の形而上学的指向とそれに反する演繹的論証の限界という、理性のこの相反した性格(対抗性)の見方がどこから来ているのかについては、たとえばいわゆるヒューム・ショックによるなどの諸説がある。しかし道徳性の原理にかぎって言えば、デルボス、カッシーラー、ディーター・ヘンリッヒなどが、理性能力の対抗性についてルソーの道徳教育論の影響を指摘してきたことは無視できないだろう。ルソーの『エミール』にある「サヴォワの助任司祭の信仰告白」では、どれほど誠実に理性的に考える人間であっても、その理性はわれわれを欺くことがあまりに多く、理性のみで美徳を確立しようとしても徒労に終わる、とされていた。カントが『エミール』を読みふけって、日課の散歩を忘れたと言う逸話が残っているが、このルソー・ショックの立場では、道徳性の原理についての厳密な合理的「演繹」は不可能となる。しかし厳密な論理的学問としての道徳形而上学を目ざし、理性的存在者の道徳性を重視しているカントは、道徳性の原理をルソーのように感情主義を基盤とする方向へと移行させることもできない。本書の第二章末尾以降を読む際には、そうした対抗性のなかでカントの議論がなされていること、そしてカントによれば、「その果てしないぶつかり合いの場が形而上学」なのだとされていることを、思いおこす必要があるだろう。

(3)「道徳」について

上に述べてきたように、カントの道徳論の周辺にはドイツ啓蒙哲学のヴォルフ学派などによる道徳論、またフランス啓蒙主義のルソーの道徳論などが存在しており、それらはカントの「道徳形而上学」の議論に大きな影響を与えている。しかしそれ以外にも、当時にはいくつもの道徳理論が存在していた。カントは『実践理性批判』の中で道徳性の実質的原理の諸根拠を区分して、モンテーニュ、マンデヴィル、エピクロス、ハチソン、ヴォルフ、ストア派、クルージウスの名前を挙げている。さらにハーマン、ヘルダー、ヤコービ、シラーなど、カントの周辺にいた次世代の思想家たちも、道徳論に関する著書を著していた。それらの中でもとりわけ、クルージウスの経験主義的な「良心的意志論」や、第二章訳注(49)に示したハチソンの「道徳感覚論」などに代表される、一八世紀中盤までの英国経験論の道徳思想の影響は無視できない。クラーク、ヒューム、ハートリー、アダム・スミスらの道徳論は、道徳性を人間の自然本性に基づけた。またそうした人間の自然本性の中には、ハチソンの自愛と仁愛の原理のように、自己愛だけでなく利他的善意や他者への共感性があることも主張された。さらにそれらの原理は、一八世紀後半以降になると、「幸福」を指向するものとみなされ、やがて英国功利主義の「最大多数の最大幸福」の道徳論にいたることになる。

本書のカントによれば、そうした幸福を目的とする道徳論はすべて他律の原理に基づくものであり、真正の道徳原理たり得ないとして批判の対象となった。しかしその一方でカントも、理性の道徳性は自然が人間の理性に与えたもの、すなわち理性の自然本性と見なされるとして、認識論的ではあるが、ある種の自然主義的立場を取っている。さらにまた、意志の他律の原理の根源をもっぱら「自己愛」に置くとともに、それが結局は「幸福」を目ざすものだとも規定している。これらの類似点には明らかに一八世紀前半の英国道徳思想の影響がうかがわれるだろう。

「道徳」に関してはさらに、しばしば「人倫」(Sitte(n))と「道徳」(Moral)が区別されることがある。この点はまた、なぜ本書の標題にある Metaphysik der Sitten の訳語を「人倫の形而上学」ではなく「道徳形而上学」としたのかという疑問にもつながる。この点についてはPhB版改訂版でのクラフトとシェーネッカーによる解説、後述する御子柴善之訳の解説などに述べられているが、ここでもかんたんに説明しておこう。「人倫」という言葉は、明治期以来の日本語では、「人道」や「道義」、天野貞祐が唱えた「道理」などと同じく、広く道徳性の意味をもつとされてきた。しかしその一方で「人倫」という言葉は、現代ではもはや日常的に(カントの言葉で言えば「普通の理性使用」において)用いられる言葉ではない。そのために「人倫」は、歴史的な術語としての意味を強く示すようになっている。歴史的な術語としての「人倫」は、東洋では儒教における君臣や親子、長幼などの関係のように、はじめから社会的に差のある人間間の倫理的秩序を表す言葉である。ドイツ語でも同様に、Sitte(n)は、社会や階級、階層に分けられている人間たちのあいだでの風俗習慣、行儀作法などを表していた。さらに哲学用語としての「人倫」は、主にヘーゲル哲学などの訳語として用いられているが、ヘーゲルにおける「人倫」は「家族・市民社会・国家」として弁証法的に実現される、客観的で社会的な倫理の状態を表す言葉であって、「人倫性」(Sittlichkeit)と個人的「道徳性」(Moralität)とはむしろ対比的なものとなっている。

一方でカントの道徳的な意志である実践理性は、義務や良心として、すべての理性的存在者の人格に等しく与えられている。道徳性の秩序はそうした同質の人間のあいだでの秩序であって、社会的に差のある人間のあいだでの秩序ではない。また本書の義務論や善意志論は、ヘーゲルで言えばむしろ個人的な「道徳性」にあたる問題を扱っている。他方でたしかに、後年カントが著した『道徳(人倫の)形而上学』(一七九七年)は、社会共同体を扱う法論と徳論からなり、それに対応するように、本書にも「目的の王国」という共同体論がある。しかし、カント自身が述べている通り、「目的の王国」の核心にある原理は、道徳性の唯一の原理である「個々の人間理性の自律」であって、「目的の王国」は共同体としては消極的な理念にすぎない。また本書の最終章で扱われている、実践的な自由をどのようにして措定できるのか、という原理的な認識問題も、後年になって語られる法論や政治的公共体(法的市民社会)論にまでは達していない。いずれにしても本書の標題に「人倫」の訳語を使用することは、歴史的な用語使用と混同される可能性を残してしまうように思われる。

しかしながら訳語はともかくとして、カントが、個別的な理性的人格のもつ内心の道徳性(心意)が重要だと主張しながらも、Moralを本書の書名には使わずSitte(n)を用いたことは間違いない。なぜ道徳や実践など、彼の周辺で多く用いられていた語を使わなかったのかという問題は残るが、その術語選択の意図は、むしろ本書があくまで批判哲学の精神に基づいていたという点にあるのではないかと思われる。本書の三年後に刊行された『実践理性批判』という書名は、ヴォルフの「一般実践哲学」ならびに当時の一般道徳論全般に向けられており、「一般実践理性」への批判という意味で意識的に選ばれている。すでに述べてきたように、本書の書名もたしかに意識的に選ばれたと考えてよいのであれば、書名に「実践哲学」の語を掲げることも、同じように意図的に回避されているのだろう。その際、自らの道徳原理を「批判」するのではなく「基礎づけ」ようとしている本書が、批判されるべきヴォルフ学派の「一般実践哲学」と混同されるのを回避するのは当然のことだろう。それと同様に、Moralの語の使用を回避したのも、カント自身の自律的な純粋道徳論とは異なる周辺の一般道徳ないし道徳論との混同を、意図的に回避しようとするためだったと見ることが妥当であるように思われる。

3　道徳的義務と法義務
――カント「人間愛から嘘をつくことの誤った権利」について

定言命法に基づいたカントの道徳論は、個人的な意志（心意）の倫理、「良心」のような人格性の倫理などと見られる一方で、法を遵守することに関わるような、社会的な義務の倫理と見られることも多い。カントにおける道徳性の原理と法権利の原理との関係、すなわち道徳的義務と法的義務との関係については、以下に述べるように、カントが『道徳（人倫の）形而上学』の刊行と同年の一七九七年に公表した小論である、「人間愛から嘘をつくことの誤った権利」の記述がひとつの参考になるだろう。

「われわれの友人を追いかけてきた人殺しに、友人を家の中にかくまっていないかと尋ねられた場合、その人殺しに対して嘘をつくことは罪であるか」、というよく知られた倫理の問題がある。この問題に対する解答例として、カントの定言命法がしばしばもち出されるが、それは理由のないことではない。一七九六年、小説『アドルフ』の著者としても知られるフランスの思想家バンジャマン・コンスタンは、道徳的原則（嘘をつくことは罪である）を無条件に適用させることは社会的に誤っているとして、この例を引き合いに出し、それがカントによって主張されたものだと論じた。翌年、その論文のドイツ語訳「政治的反動について」を読んだカントは、「今は思い出せないが、どこかで自分がそのように〔どんな状況でも嘘をつくのは罪だと〕言ったということを私は認める」と述べるが、しかし条件によっては嘘をつくのは罪ではないとするコンスタンの主張は根本的に誤っているとして、上の標題をもつ反論を発表した。

コンスタンの主張は、義務は権利と表裏一体のものなので、「真実を述べることは義務であるが、それは真実についての権利がある人間に対してのみ義務である」、というものである。カントの道徳論から言えば、これは無条件的な義務に、「権利をもつ対象のみ」という部分的な条件(中間的原則)をもち込むことになる。あらゆる陳述において誠実(正直)であることは、神聖かつ無条件的に命じる理性の命令であるはずなのに、そのような条件を認めれば、「誠実(正直)さ」という道徳的な定言命法は条件付きの仮言命法に転じてしまうので、当然ながら道徳の普遍的原理としては認めがたいことになる。

しかしここでの問題の核心は、じつはそのようなことではない。コンスタンは道徳的義務を無条件に遵守することは「社会を不可能にする」とした。すなわち彼は、道徳的義務そのものを認めないというのではなく、道徳的な義務の原理を法的社会的な義務の原理と混同し、前者を後者に無条件に適用することを問題にしたのである。カントも、自分が道徳論の真理と法論の真理は異なるのにその差異をわかっていない、という批判をコンスタンから受けていることを重々承知していた。そこでこの小論の中でカントはまず、道徳的義務と法義務とを峻別する。そのうえで、たとえ道徳的義務の問題を離れて法義務の原則に立ったとしても、誠実さを欠いて嘘をつくことは認められないとする。これに背くことは、倫理学(道徳論)的には自分自身に対する道徳的義務の損壊であるとともに、法権利的には人に不法を犯すことになる法義務の損壊となる。カントによれば「すべての法的実践的原則は、厳密な真理を含んでいなければならない」のであり、法義務がときには不法を犯す可能性を認めてしまえば、それはもう法原則の普遍性という基本原理を認めていないことになってしまうというのである。

こうした議論に見られる道徳的義務の無条件的絶対性と法義務の無条件的絶対性の異同については、二通りの見方が可能になる。第一の見方は、道徳的義務の無条件的な絶対性が広い基盤としてまずあり、その基盤の一部分に法義務の絶対性が重なっているという見方である。第二の見方は、道徳的義務と法義務とは異なる絶対性をもった基盤の上に立つ別々の構築物であるという見方である。カント自身はこの小論の中で、「誠実はひとつの義務であり、契約に基づいたすべての義務の基礎と見なされねばならない」と語っており、そこからすれば、第一の見方の方が妥当であるように思われる。それ以上の論証は述べられていないことから、法義務の位置づけについて、最終的な決着はここではつかない。しかし、たとえどちらの立場に立つにしても立証責任があるのは、道徳的義務の根拠とは別の根本原理に基づいておりしかも中間的原則を許容するような法義務の普遍性の根拠なのであって、カントの見方からすれば、道徳的義務の絶対性については、そのような法義務のあり方とは関係なく無条件的に成立していることになるだろう。

さらにつけ加えるなら、カントはこの小論の中で、「法は政治学に適合してはならないが、政治学はつねに法に適合しなければならない」とも述べており、法と政治との間にも、道徳と法との包摂関係と同じような関係が見て取れる。しかしいずれにしても、義務の無条件的絶対性という基盤は、法や政治のすべての義務の基盤に重なっているとともに、そこに法義務の構築物が立っているかどうか、あるいはその構築物の部分として政治的義務が成立しているかどうかにかかわらず、道徳性の基盤として客観的、普遍的に妥当する。カントからすればコンスタンの見解は、法義務の原理を道徳的義務とは別に立てながらその固有の原理を示していないことで、法義務の普遍性を損壊するか、あるいは道徳的義務の普遍性を損壊するかのいずれかをもたらすこととなり、どちらにしても自ら主張する義務の普遍性を損壊する点で、自己矛盾をきたしていることになるのである。

4　翻訳の底本および参考文献について

本訳書が翻訳の底本としたのは、すでに述べたようにPhB(哲学文庫)版の改訂第二版(クラフト、シェーネッカー監修、二〇一六年)Immanuel Kant, *Grundlegung zur Metaphysik der Sitten*, mit einer Einleitung von Bernd Kraft und Dieter Schönecker, Felix Meiner, Hamburg, 2016である。この改訂版はカント自身が出版した原典の第一版、第二版、プロイセン・アカデミー版(AA版)、その他ハルテンシュタイン版、カッシーラー版、アディケスの校訂、さらにフォアレンダーの監修になるPhBの旧版(初版一九〇六年)などを比較検討して校訂されており、おおむね信頼するにたる定本となっている。その校訂のいくつかについては、本文の訳注に事情を注記した。なお本書の最新の訳としては、A. W. Wood の監修による英訳の新版 *Groundwork for the Metaphysics of Morals: With an Updated Translation, Introduction, and Notes*, New Haven & London, 2018 がある。

今回の翻訳にあたっては、多くの翻訳の中でもとりわけ、旧岩波文庫版『道徳形而上学原論』(篠田英雄訳、一九六〇年)、以文社版『道徳形而上学の基礎づけ』(宇都宮芳明訳、一九八九年)、岩波カント全集版『人倫の形而上学の基礎づけ』(平田俊博訳、二〇〇〇年)、および人文書院版『道徳形而上学の基礎づけ』(御子柴善之訳、二〇二二年)の各訳本を参照した。篠田訳は名調子の文体によって読者の心に残る点ですぐれている、宇都宮訳は学問的で過不足のない的確な理解による訳文に加えて、パラグラフごとに訳者の内容解説が付されている。平田訳は、カントに頻出する指示代名詞をほぼすべて指示語に開いているために、原文の文意がもつ曖昧さが払拭されている。御子柴訳は二〇二四年四月現在もっとも新しい邦訳であり、丁寧な翻訳と現代のカント研究に基づいた多数の訳注によって、訳本であるとともに研究書にもなっている。これらはいずれも本訳書とは異なる特色をもった訳業である。

他に本書の基本的理解のための参考文献としては、あくまで一例としてたとえば次のようなものが挙げられる。

H. J. Paton, *The Categorical Imperative: A Study in Kant's Moral Philosophy*, London, 1947.（定言命法の方式区分などを含む古典的解説書。ドイツ語、日本語等の翻訳も出版されている。）

H. E. Allison, *Kant's Groundwork of the Metaphysics of Morals: A Commentary*, Oxford, 2011.

D. Schönecker, A. W. Wood, *Immanuel Kant's Groundwork for the Metaphysics of Morals: A Commentary*, Cambridge, Mass., 2015.（独・英版の監修者による二〇〇二年のドイツ語出版の英語版。）

H. F. Klemme, *Kants »Grundlegung zur Metaphysik der Sitten«, Ein systematischer Kommentar*, Stuttgart, 2017.

最後に、今回の翻訳出版にあたっては、多くの人々の助力を得た。本書を含むカントの新訳という事業に積極的に参加されたばかりでなく、実質的な協議の場を共有してくれた畏友の各氏、きわめて丁寧な校閲によって翻訳の杜撰を大幅に軽減してくれた校閲の方たち、そしてカント生誕三〇〇年にあたって、新訳の企画を実現して下さった岩波書店編集部の吉川哲士氏には、とりわけ心からの感謝を申し上げたい。

二〇二四年四月

《ドイツ文学》〔赤〕

ニーベルンゲンの歌 全二冊　相良守峯訳
若きウェルテルの悩み　ゲーテ　竹山道雄訳
ヴィルヘルム・マイスターの修業時代 全三冊　ゲーテ　山崎章甫訳
イタリア紀行 全三冊　ゲーテ　相良守峯訳
ファウスト 全二冊　ゲーテ　相良守峯訳
ゲーテとの対話 全三冊　エッカーマン　山下肇訳
スペインの太子 ドン・カルロス　シルレル　佐藤通次訳
ヒュペーリオン ―希臘の世捨人　ヘルダーリーン　渡辺格司訳
青い花　ノヴァーリス　青山隆夫訳
夜の讃歌・サイスの弟子たち 他一篇　ノヴァーリス　今泉文子訳
完訳 グリム童話集 全五冊　金田鬼一訳
黄金の壺　ホフマン　神品芳夫訳
ホフマン短篇集　池内紀編訳
影をなくした男　シャミッソー　池内紀訳
流刑の神々・精霊物語　ハイネ　小沢俊夫訳
ブリギッタ・森の泉 他一篇　シュティフター　宇多五郎・高安国世訳

みずうみ 他四篇　シュトルム　関泰祐訳
村のロメオとユリア　ケラー　草間平作訳
沈鐘　ハウプトマン　阿部六郎訳
地霊・パンドラの箱 ルル二部作　F・ヴェデキント　岩淵達治訳
春のめざめ　F・ヴェデキント　酒寄進一訳
花・死人に口なし 他七篇　シュニッツラー　番匠谷英一・山本有三訳
ゲオルゲ詩集　手塚富雄訳
リルケ詩集　高安国世訳
ドゥイノの悲歌　リルケ　手塚富雄訳
ブッデンブローク家の人びと 全三冊　トーマス・マン　望月市恵訳
トオマス・マン短篇集　実吉捷郎訳
魔の山 全二冊　トーマス・マン　関泰祐・望月市恵訳
トニオ・クレエゲル　トオマス・マン　実吉捷郎訳
ヴェニスに死す　トオマス・マン　実吉捷郎訳
講演集 ドイツとドイツ人 他五篇　トーマス・マン　青木順三訳
講演集 リヒァルト・ヴァーグナーの苦悩と偉大 他一篇　トーマス・マン　青木順三訳
車輪の下　ヘルマン・ヘッセ　実吉捷郎訳

デミアン　ヘルマン・ヘッセ　実吉捷郎訳
シッダルタ　ヘッセ　手塚富雄訳
ルーマニア日記　カロッサ　高橋健二訳
幼年時代　カロッサ　斎藤栄治訳
ジョゼフ・フーシェ ―ある政治的人間の肖像　シュテファン・ツワイク　高橋禎二・秋山英夫訳
変身・断食芸人　カフカ　山下肇・山下萬里訳
審判　カフカ　辻瑆訳
カフカ短篇集　池内紀編訳
カフカ寓話集　池内紀編訳
ドイツ炉辺ばなし集 ―カレンダーゲシヒテン　ヘーベル　木下康光編訳
ウィーン世紀末文学選　池内紀編訳
チャンドス卿の手紙 他十篇　ホフマンスタール　檜山哲彦訳
ホフマンスタール詩集　川村二郎訳
ドイツ名詩選　生野幸吉・檜山哲彦編
聖なる酔っぱらいの伝説 他四篇　ヨーゼフ・ロート　池内紀訳
暴力批判論 他十篇 ―ベンヤミンの仕事1　ベンヤミン　野村修編訳
ボードレール 他五篇 ―ベンヤミンの仕事2　ベンヤミン　野村修編訳

空想より科学へ —社会主義の発展　エンゲルス　大内兵衛訳
帝国主義論 全二冊　ホブスン　矢内原忠雄訳
帝国主義　レーニン　宇高基輔訳
国家と革命　レーニン　宇高基輔訳
ローザ・ルクセンブルク 獄中からの手紙　秋元寿恵夫訳
雇用、利子および貨幣の一般理論 全二冊　ケインズ　間宮陽介訳
シュムペーター 経済発展の理論 全二冊　塩野谷祐一・中山伊知郎・東畑精一訳
シュムペーター 経済学史 —学説ならびに方法の諸段階　中山伊知郎・東畑精一訳
租税国家の危機　シュムペーター　木村元一・小谷義次訳
日本資本主義分析　山田盛太郎
恐慌論　宇野弘蔵
経済原論　宇野弘蔵
資本主義と市民社会 他十四篇　大塚久雄　齋藤英里編
共同体の基礎理論 他六篇　大塚久雄　小野塚知二編
ユートピアだより　ウィリアム・モリス　川端康雄訳
社会科学と社会政策にかかわる認識の「客観性」　マックス・ヴェーバー　富永祐治・立野保男訳　折原浩補訳
プロテスタンティズムの倫理と資本主義の精神　マックス・ヴェーバー　大塚久雄訳

職業としての学問　マックス・ヴェーバー　尾高邦雄訳
社会学の根本概念　マックス・ヴェーバー　清水幾太郎訳
職業としての政治　マックス・ヴェーバー　脇圭平訳
古代ユダヤ教 全三冊　マックス・ヴェーバー　内田芳明訳
宗教と資本主義の興隆 歴史的研究 全二冊　トーニー　出口勇蔵・越智武臣訳
世論 全二冊　リップマン　掛川トミ子訳
鯰絵 —民俗的想像力の世界　C・アウエハント　小松和彦・中沢新一・飯島吉晴・古家信平訳
贈与論 他二篇　マルセル・モース　森山工訳
国民論 他二篇　マルセル・モース　森山工編訳
ヨーロッパの昔話 その形と本質　マックス・リュティ　小澤俊夫訳
独裁と民主政治の社会的起源 —近代世界形成過程における領主と農民 全二冊　バリントン・ムーア　宮崎隆次・森山茂徳・高橋直樹訳
大衆の反逆　オルテガ・イ・ガセット　佐々木孝訳

《自然科学》〔青〕

ヒポクラテス医学論集　國方栄二編訳
科学と仮説　ポアンカレ　河野伊三郎訳
ロウソクの科学　ファラデー　竹内敬人訳
種の起原 全二冊　ダーウィン　八杉龍一訳

自然発生説の検討　パストゥール　山口清三郎訳
完訳 ファーブル昆虫記 全十冊　山田吉彦・林達夫訳
科学談義　T・H・ハックスリ　小泉丹訳
メンデル 雑種植物の研究　岩槻邦男・須原準平訳
アインシュタイン 相対性理論　内山龍雄訳・解説
相対論の意味　アインシュタイン　矢野健太郎訳
アインシュタイン 一般相対性理論　小玉英雄編訳・解説
自然美と其驚異　ジョン・ラバック　板倉勝忠訳
ダーウィニズム論集　八杉龍一編訳
ニールス・ボーア論文集1 因果性と相補性　山本義隆編訳
ニールス・ボーア論文集2 量子力学の誕生　山本義隆編訳
ハッブル 銀河の世界　戎崎俊一訳
パロマーの巨人望遠鏡 全二冊　D・O・ウッドベリー　関正雄・湯澤博・成相恭二訳
生物から見た世界　ユクスキュル・クリサート　日高敏隆・羽田節子訳
ゲーデル 不完全性定理　林晋・八杉満利子訳
日本の酒　坂口謹一郎
生命とは何か —物理的にみた生細胞　シュレーディンガー　岡小天・鎮目恭夫訳

《法律・政治》〔白〕

人権宣言集　高木八尺・末延三次・宮沢俊義 編
新版 世界憲法集 第二版　高橋和之 編
君主論　マキァヴェッリ　河島英昭 訳
フィレンツェ史 全二冊　マキァヴェッリ　齊藤寛海 訳
リヴァイアサン 全四冊　ホッブズ　水田洋 訳
法の精神 全三冊　モンテスキュー　野田良之・稲本洋之助・上原行雄・田中治男・三辺博之・横田地弘 訳
教育に関する考察　ロック　服部知文 訳
完訳 統治二論　ジョン・ロック　加藤節 訳
寛容についての手紙　ジョン・ロック　加藤節・李静和 訳
キリスト教の合理性　ジョン・ロック　加藤節 訳
ルソー 社会契約論　桑原武夫・前川貞次郎 訳
アメリカのデモクラシー 全四冊　トクヴィル　松本礼二 訳
リンカーン演説集　高木八尺・斎藤光 訳
権利のための闘争　イェーリング　村上淳一 訳
近代人の自由と古代人の自由・征服の精神と簒奪 他一篇　コンスタン　堤林剣・堤林恵 訳
民主主義の本質と価値 他一篇　ハンス・ケルゼン　長尾龍一・植田俊太郎 訳
外交談判法　カリエール　坂野正高 訳
危機の二十年 —理想と現実　E・H・カー　原彬久 訳
ザ・フェデラリスト　A・ハミルトン J・ジェイ J・マディソン　斎藤眞・中野勝郎 訳
アメリカの黒人演説集 —キング・マルコムX・モリスン他　荒このみ 編訳
モーゲンソー 国際政治 全三冊 —権力と平和　原彬久 監訳
ポリアーキー　ロバート・A・ダール　高畠通敏・前田脩 訳
現代議会主義の精神史的状況 他一篇　カール・シュミット　樋口陽一 訳
政治的なものの概念　カール・シュミット　権左武志 訳
第二次世界大戦外交史 全二冊　芦田均
憲法講話　美濃部達吉
日本国憲法　長谷部恭男 解説
民主体制の崩壊 —危機・崩壊・再均衡　ファン・リンス　横田正顕 訳
憲法　鵜飼信成

《経済・社会》〔白〕

政治算術　ペティ　大内兵衛・松川七郎 訳
国富論 全四冊　アダム・スミス　水田洋 監訳　杉山忠平 訳
法学講義　アダム・スミス　水田洋 訳
コモン・センス 他三篇　トーマス・ペイン　小松春雄 訳
経済学における諸定義　マルサス　玉野井芳郎 訳
オウエン自叙伝　ロバアト・オウエン　五島茂 訳
戦争論 全三冊　クラウゼヴィッツ　篠田英雄 訳
自由論　J・S・ミル　塩尻公明・木村健康 訳
大学教育について　J・S・ミル　竹内一誠 訳
功利主義　J・S・ミル　関口正司 訳
イギリス国制論 全二冊　バジョット　遠山隆淑 訳
ユダヤ人問題によせて ヘーゲル法哲学批判序説　マルクス　城塚登 訳
経済学・哲学草稿　マルクス　城塚登・田中吉六 訳
新編輯版 ドイツ・イデオロギー　マルクス エンゲルス　廣松渉 編訳　小林昌人 補訳
マルクス エンゲルス 共産党宣言　大内兵衛・向坂逸郎 訳
賃労働と資本　マルクス　長谷部文雄 訳
賃銀・価格および利潤　マルクス　長谷部文雄 訳
マルクス 経済学批判　武田隆夫・遠藤湘吉・大内力・加藤俊彦 訳
マルクス 資本論 全九冊　エンゲルス 編　向坂逸郎 訳
トロツキー わが生涯 全二冊　森田成也・志田昇 訳

論理哲学論考　ウィトゲンシュタイン　野矢茂樹訳
自由と社会的抑圧　シモーヌ・ヴェイユ　冨原眞弓訳
根をもつこと　全二冊　シモーヌ・ヴェイユ　冨原眞弓訳
重力と恩寵　シモーヌ・ヴェイユ　冨原眞弓訳
全体性と無限　全二冊　レヴィナス　熊野純彦訳
啓蒙の弁証法 ―哲学的断想　M・ホルクハイマー　T・W・アドルノ　徳永恂訳
ヘーゲルからニーチェへ　十九世紀思想における革命的断絶　全二冊　レーヴィット　三島憲一訳
統辞構造論　付『言語理論の論理構造』序論　チョムスキー　福井直樹・辻子美保子訳
統辞理論の諸相　方法論序説　チョムスキー　福井直樹・辻子美保子訳
快楽について　ロレンツォ・ヴァッラ　近藤恒一訳
古代懐疑主義入門　判断保留の十の方式　J・アナス　J・バーンズ　金山弥平訳
ニーチェ みずからの時代と闘う者　ルドルフ・シュタイナー　高橋巖訳
フランス革命期の公教育論　コンドルセ他　阪上孝編訳
フレーベル自伝　長田新訳
旧約聖書 創世記　関根正雄訳
旧約聖書 出エジプト記　関根正雄訳
旧約聖書 ヨブ記　関根正雄訳

旧約聖書 詩篇　関根正雄訳
新約聖書 福音書　塚本虎二訳
文語訳 新約聖書　詩篇付
文語訳 旧約聖書　全四冊
キリストにならいて　トマス・ア・ケンピス　大沢章・呉茂一訳
聖アウグスティヌス 告白　全二冊　服部英次郎訳
アウグスティヌス 神の国　全五冊　服部英次郎・藤本雄三訳
新訳 キリスト者の自由・聖書への序言　マルティン・ルター　石原謙訳
キリスト教と世界宗教　シュヴァイツェル　鈴木俊郎訳
水と原生林のはざまで　シュヴァイツェル　野村実訳
コーラン　全三冊　井筒俊彦訳
エックハルト説教集　田島照久編訳
ムハンマドのことば　ハディース　小杉泰編訳
新約聖書外典 ナグ・ハマディ文書抄　荒井献・大貫隆・小林稔・筒井賢治編訳
後期資本主義における正統化の問題　ハーバーマス　山田正行・金慧訳
シンボルの哲学 ―理性、祭礼、芸術のシンボル試論　S・K・ランガー　塚本明子訳

ラカン 精神分析の四基本概念　全二冊　ジャック＝アラン・ミレール編　小出浩之・新宮一成・鈴木國文・小川豊昭訳
精神と自然　生きた世界の認識論　グレゴリー・ベイトソン　佐藤良明訳
人間の知的能力に関する試論　全二冊　トマス・リード　戸田剛文訳
開かれた社会とその敵　全四冊　カール・ポパー　小河原誠訳

プロレゴメナ　カント　篠田英雄訳
学者の使命・学者の本質　フィヒテ　宮崎洋三訳
シュライエルマッハー 独白　木場深定訳
ヘーゲル 政治論文集 全二冊　金子武蔵訳
哲学史序論 —哲学と哲学史　ヘーゲル　武市健人訳
歴史哲学講義 全二冊　ヘーゲル　長谷川宏訳
法の哲学 —自然法と国家学の要綱　ヘーゲル　上妻精・佐藤康邦・山田忠彰訳
学問論　シェリング　西川富雄・藤田正勝監訳
自殺について 他四篇　ショウペンハウエル　斎藤信治訳
読書について 他二篇　ショウペンハウエル　斎藤忍随訳
知性について 他四篇　ショーペンハウエル　細谷貞雄訳
不安の概念　キェルケゴール　斎藤信治訳
死に至る病　キェルケゴール　斎藤信治訳
体験と創作 全二冊　ディルタイ　柴田治三郎・小牧健夫訳
眠られぬ夜のために 全二冊　ヒルティ　草間平作・大和邦太郎訳
幸福論 全三冊　ヒルティ　草間平作・大和邦太郎訳
悲劇の誕生　ニーチェ　秋山英夫訳

ツァラトゥストラはこう言った 全二冊　ニーチェ　氷上英廣訳
道徳の系譜　ニーチェ　木場深定訳
善悪の彼岸　ニーチェ　木場深定訳
この人を見よ　ニーチェ　手塚富雄訳
プラグマティズム　W・ジェイムズ　桝田啓三郎訳
宗教的経験の諸相 全二冊　W・ジェイムズ　桝田啓三郎訳
日常生活の精神病理　フロイト　高田珠樹訳
純粋現象学及現象学的哲学考案 全二冊　フッセル　池上鎌三訳
デカルト的省察　フッサール　浜渦辰二訳
愛の断想・日々の断想　ジンメル　清水幾太郎訳
ジンメル宗教論集　深澤英隆編訳
笑い　ベルクソン　林達夫訳
道徳と宗教の二源泉　ベルクソン　平山高次訳
時間と自由　ベルクソン　中村文郎訳
ラッセル教育論　安藤貞雄訳
ラッセル幸福論　安藤貞雄訳
存在と時間 全四冊　ハイデガー　熊野純彦訳

学校と社会　デューイ　宮原誠一訳
民主主義と教育 全二冊　デューイ　松野安男訳
我と汝・対話　マルティン・ブーバー　植田重雄訳
アラン 幸福論　神谷幹夫訳
アラン 定義集　神谷幹夫訳
天才の心理学　E・クレッチュマー　内村祐之訳
英語発達小史　H・ブラッドリ　寺澤芳雄訳
日本の弓術　オイゲン・ヘリゲル述　柴田治三郎訳
ことばのロマンス —英語の語源　ウィークリー　寺澤芳雄・出淵博訳
ヴィーコ 学問の方法　上村忠男・佐々木力訳
国家と神話 全二冊　カッシーラー　熊野純彦訳
天才・悪　ブレンターノ　篠田英雄訳
人間の頭脳活動の本質 他一篇　ディーツゲン　小松摂郎訳
プラトン入門　R・S・ブラック　内山勝利訳
反啓蒙思想 他二篇　バーリン　松本礼二編
マキアヴェッリの独創性 他三篇　バーリン　川出良枝編
ロシア・インテリゲンツィヤの誕生 他五篇　バーリン　桑野隆編

《哲学・教育・宗教》〔青〕

- ソクラテスの弁明・クリトン　プラトン　久保勉訳
- ゴルギアス　プラトン　加来彰俊訳
- 饗宴　プラトン　久保勉訳
- テアイテトス　プラトン　田中美知太郎訳
- パイドロス　プラトン　藤沢令夫訳
- メノン　プラトン　藤沢令夫訳
- 国家　全二冊　プラトン　藤沢令夫訳
- プロタゴラス　—ソフィストたち　プラトン　藤沢令夫訳
- パイドン　—魂の不死について　プラトン　岩田靖夫訳
- アナバシス　—敵中横断六〇〇〇キロ　クセノポン　松平千秋訳
- アリストテレス　ニコマコス倫理学　全二冊　高田三郎訳
- アリストテレス　形而上学　全二冊　出隆訳
- アリストテレス　弁論術　戸塚七郎訳
- アリストテレース詩学・ホラーティウス詩論　松本仁助・岡道男訳
- 物の本質について　ルクレーティウス　樋口勝彦訳
- エピクロス　—教説と手紙　出隆・岩崎允胤訳

- 生の短さについて　他二篇　セネカ　大西英文訳
- 怒りについて　他二篇　セネカ　兼利琢也訳
- エピクテトス　人生談義　全二冊　國方栄二訳
- 人さまざま　テオプラストス　森進一訳
- マルクス・アウレーリウス　自省録　神谷美恵子訳
- 老年について　キケロー　中務哲郎訳
- 弁論家について　全二冊　キケロー　大西英文訳
- キケロー書簡集　高橋宏幸編
- 平和の訴え　エラスムス　箕輪三郎訳
- 方法序説　デカルト　谷川多佳子訳
- 哲学原理　デカルト　桂寿一訳
- 情念論　デカルト　谷川多佳子訳
- パンセ　全三冊　パスカル　塩川徹也訳
- スピノザ　神学・政治論　全二冊　畠中尚志訳
- 知性改善論　スピノザ　畠中尚志訳
- スピノザ　エチカ（倫理学）　全二冊　畠中尚志訳
- スピノザ　国家論　畠中尚志訳

- スピノザ往復書簡集　畠中尚志訳
- デカルトの哲学原理　—附 形而上学的思想　スピノザ　畠中尚志訳
- スピノザ　神・人間及び人間の幸福に関する短論文　畠中尚志訳
- モナドロジー　他二篇　ライプニッツ　谷川多佳子・岡部英男訳
- 市民の国について　全二冊　ヒューム　小松茂夫訳
- 自然宗教をめぐる対話　ヒューム　犬塚元訳
- エミール　全三冊　ルソー　今野一雄訳
- 人間不平等起原論　ルソー　本田喜代治・平岡昇訳
- ルソー　社会契約論　桑原武夫・前川貞次郎訳
- 言語起源論　—旋律と音楽的模倣について　ルソー　増田真訳
- ディドロ　絵画について　佐々木健一訳
- 道徳形而上学原論　カント　篠田英雄訳
- 啓蒙とは何か　他四篇　カント　篠田英雄訳
- 純粋理性批判　全三冊　カント　篠田英雄訳
- カント　実践理性批判　波多野精一・宮本和吉・篠田英雄訳
- 判断力批判　全二冊　カント　篠田英雄訳
- 永遠平和のために　カント　宇都宮芳明訳

読書子に寄す

——岩波文庫発刊に際して——

岩波茂雄

　真理は万人によって求められることを自ら欲し、芸術は万人によって愛されることを自ら望む。かつては民を愚昧ならしめるために学芸が最も狭き堂宇に閉鎖されたことがあった。今や知識と美とを特権階級の独占より奪い返すことはつねに進取的なる民衆の切実なる要求である。岩波文庫はこの要求に応じそれに励まされて生まれた。それは生命ある不朽の書を少数者の書斎と研究室とより解放して街頭にくまなく立たしめ民衆に伍せしめるであろう。近時大量生産予約出版の流行を見る。その広告宣伝の狂態はしばらくおくも、後代にのこすと誇称する全集がその編集に万全の用意をなしたるか。千古の典籍の翻訳企図に敬虔の態度を欠かざりしか。さらに分売を許さず読者を繫縛して数十冊を強うるがごとき、はたしてその揚言する学芸解放のゆえんなりや。吾人は天下の名士の声に和してこれを推挙するに躊躇するものである。このときにあたって、岩波書店は自己の責務のいよいよ重大なるを思い、従来の方針の徹底を期するため、すでに十数年以前より志して来た計画を慎重審議この際断然実行することにした。吾人は範をかのレクラム文庫にとり、古今東西にわたって文芸・哲学・社会科学・自然科学等種類のいかんを問わず、いやしくも万人の必読すべき真に古典的価値ある書をきわめて簡易なる形式において逐次刊行し、あらゆる人間に須要なる生活向上の資料、生活批判の原理を提供せんと欲する。この文庫は予約出版の方法を排したるがゆえに、読者は自己の欲する時に自己の欲する書物を各個に自由に選択することができる。携帯に便にして価格の低きを最主とするがゆえに、外観を顧みざるも内容に至っては厳選最も力を尽くし、従来の岩波出版物の特色をますます発揮せしめようとする。この計画たるや世間の一時の投機的なるものと異なり、永遠の事業として吾人は微力を傾倒し、あらゆる犠牲を忍んで今後永久に継続発展せしめ、もって文庫の使命を遺憾なく果たさしめることを期する。芸術を愛し知識を求むる士の自ら進んでこの挙に参加し、希望と忠言とを寄せられることは吾人の熱望するところである。その性質上経済的には最も困難多きこの事業にあえて当たらんとする吾人の志を諒として、その達成のため世の読書子とのうるわしき共同を期待する。

　昭和二年七月

道徳形而上学《どうとくけいじじょうがく》の基礎《きそ》づけ　カント著

2024年4月12日　第1刷発行

訳　者　大橋容一郎《おおはしよういちろう》

発行者　坂本政謙

発行所　株式会社　岩波書店
〒101-8002 東京都千代田区一ツ橋 2-5-5
案内 03-5210-4000　営業部 03-5210-4111
文庫編集部 03-5210-4051
https://www.iwanami.co.jp/

印刷・理想社　カバー・精興社　製本・中永製本

ISBN 978-4-00-386039-7　　Printed in Japan

索引・訳語一覧

索引は主要な頁のみを示す.
頻出語および類語の一部(*)は訳語のみを示す.

ア 行

カ 行

サ　行

タ　行

ナ　行

ハ　行

マ　行

ヤ　行

ラ　行